住吉大社神代記の編纂と遣唐使

川畑勝久

一、住吉大社神代記の書写年代をめぐる議論

住吉大社には、創祀に関する資料として、『住吉大社神代記』と称する解状が存在する（以下神代記と称する）。この文書の存在について、早くは、鎌倉時代や室町時代の旧記に引用されることがあったが、いつの頃からか、第一本宮に秘蔵されることとなり、その後、江戸時代に入り、松下見林や梅園惟朝も拝観叶わず、具体的様相は分からなくなっていた。それが、明治三、四十年代に入り、吉田東伍氏の『大日本地名辞書』（明治三十三年 摂津国 東成郡住吉神社の項）、飯田武郷氏の『日本書紀通釈』（明治三十二年校了 巻之三十五 津守連条）によって、部分的に引用されるようになり、さらに、栗田寛氏の『栗里先生雑著』（明治三十一年 巻二所収「住吉神社神代記考証」）に全文引用と考証がみられた。さらに、昭和に入り、戦前には、武田祐吉氏（「住吉神社神代記に就いて」『国史学』第十三号 昭和七年）の厳密な考証があり、神社側でも、神代記の写真複製版が宮地直一氏の解説付きで発刊された。しかし、発行部数に制限があり、天坊幸彦氏や佐々木信綱氏など一部の研究者が引用するにすぎなかった。

そこで、戦後、本格的に研究されたのが、田中卓博士である。田中博士は、武田祐吉氏の七つの疑問に対して、逐次批判を展開し、神代記の史料的価値として、新たに十三の用語を取り上げ、さらに、記紀及び風土記、延喜式

祝詞との関係について、実に詳細な研究を加えられ、奥書の通り、天平三年の原本とされた（同著『住吉神代記の研究』謄写版　昭和二十五年　住吉講刊行　その後　改めて　写真版と全文訓解付『住吉大社神代記』として住吉大社神代記刊行会から　昭和二十六年発行）。

しかし、これに対して、学界では批判・反論が相次いだ。先ず、西宮一民氏は、上代特殊仮名遣の見地から、「現存本は、仮名遣からみると、天暦時代を過ぎてから、長保時代以前、すなはち平安朝前期の終わりから中期にかけて書かれたものである。」と述べられた（「仮名遣を通して見たる住吉大社神代記」『萬葉』六十三号　昭和四十二年　のち同著『日本上代の文章と表記』に「住吉大社神代記の仮名遣」と改題して所収　昭和四十五年）。

さらに、坂本太郎氏は、「この書は書中にいうような天平三年の解文ではなく、延暦の時に摂津職の証判の出されたものでもない。それらはみな平安時代おそらくは元慶年間以後の造作である。」と述べられた（「古代の日本・月報9」昭和四十六年十月刊に要旨を予告　翌年　国学院大学の国史学会で発表　加筆した「住吉大社神代記について」『国史学』八十九号　昭和四十七年　のち同著『日本古代史叢考』　昭和五十八年　収録）。中でも、神代記掲載の「大和国」用字について、天平三年当時、大和国と記す例はないという通説に対して、田中博士が、例外として挙げた天平勝宝二年二月二十六日附太政官符の「大和国」が、実は大日本古文書編集者の収載上のミスで、正しくは、大倭国であることを指摘されたことによって、天平以後の加筆は決定的となり、田中氏の原本説は否定されることになった。

但し、坂本氏の元慶説について、西宮氏が「もし現存本の母胎となるものが元慶三年の官符に応じて書かれたかと想定することもできる。ところが、もしその時に書かれたものなら、何を好んで、天平三年撰として提出する必要があらう」と批判されている。

こうした批判に対して、田中博士は、原本説については自説を撤回しつつも、少なくとも、大倭国から大和国への移行時期である天平勝宝八歳から翌天平宝字元年以降の書写本であるとし、『帝王編年記』の延暦八年条に「行二幸住吉社一」とある記事から、改めて、桓武天皇へ上覧を願う意図のもと、直前に本書の書写が行われたと想定された。よって、天平三年の津守嶋麻呂と客人の自署は模写と考えられるが、住吉郡司と摂津職の署判の筆蹟は平安

「古典と歴史」の会　会規

一、本会は、「古典と歴史」の会と称し、古典の研究、古典を通じての歴史研究を目的とする。

二、会の事業として、『古典と歴史』の発行及び講演会・研究例会その他を行う。

三、本会は、会の趣旨に賛同する正会員と学生会員とにより組織される。

四、投稿は会員に限る。ただし、会員の推薦がある場合はこの限りではない。

五、投稿された原稿の採否は、審査委員の査読を経て、編輯委員会で最終的に決定する。

六、投稿された原稿は、適宜、論文・研究ノート・史料紹介・学界動向・書評・新刊紹介などに分類・排列して掲載する。枚数制限はとくに設けないが、長文にわたるものについては、紙面の都合で複数回に分載する場合がある。

七、原稿は、『古典と歴史』編輯委員会において最低限の統一を施すが、章節の分けかた、注のスタイルはおおむね執筆者の判断に委ねる。なお、掲載を前提として、編輯委員会が執筆者に対し、部分的な修正をもとめることがある。

八、原稿は電子媒体の形式で提出することが望ましいが、手書き原稿も受理する。

九、執筆者には掲載誌一〇部を進呈するが、経費の関係で抜刷は製作しない。

十、掲載原稿については、掲載後一年間は他誌や自著への転載は見合わせていただく。

十一、本誌は不定期刊行ゆえ、原稿の締め切りはとくに設けず、原稿が整い次第、次号の編輯にかかる。

古典と歴史

8

「古典と歴史」の会

燃焼社

時代初頭の書風とみて差し支えないと結論付けられたのである（「再考・住吉大社神代記」『住吉大社神代記の研究』所収　同著作集七巻　昭和六十年）。

その後の研究としては、熊谷保孝氏が、「大社」「大明神」「社司」の用語から、天平でも延暦の時代でもないと批判された（「『住吉大社神代記』の成立時期についての疑問」『神道宗教』第一五一号　平成五年）。また、酒井敏行氏は、西宮説に賛同しつつも、「その編輯にさいして、古史料等を採録していることは認められるのであるから、『住吉大社神代記』の原本の成立は、天平三年であるという可能性も有すると思われる。」と述べておられる（「住吉大社神代記構成試論」『日本書紀研究』第十二冊　昭和五十七年）。

一方、神代記の内容面からは、谷戸美穂子氏があり（「『住吉大社神代記』の神話世界―平安前期の神社と国家―」『古代文学』三十七号　平成十年）、また、高橋明裕氏は、「神領の広がり、具体的な四至は八世紀の伊勢神宮の『儀式帳』、寺院の「資財帳」のようなピンポイントの地目を表示したものとは異なっており、特に浜の領域表示のあり方は一一世紀前半代の荘園文書と共通する。」と述べておられる（「『住吉大社神代記』の神領記述の歴史性」『地域史研究』第一一五号　平成二七年）。

以上、住吉大社神代記をめぐっては、内容、字体、書風、用語など、さまざまな視点から、議論がみられる。現在、原本説は撤回されたが、書写年代について、延暦説、元慶説、天暦・長保等の諸説など、平安時代のいずれに求めるかで議論が分かれている。

今後、住吉大社神代記の研究に求められているのは、後世の加筆や添付がないかを探しつつ、書写年代をさらに絞っていくこれまでの作業を進める一方、神代記後半の独自内容には、遣唐使の船居の問題等、明らかに奈良時代に遡る伝承を収載しており、それらを含めて改めて奥付の天平三年の意味―原撰神代記―を考えていくことが必要だと考えられる。加筆された用語や内容はあったにせよ、何故、神代記が奥付に天平三年という年号を記したのかという点については、ほとんど議論が深化していない。

本書の内容には、日本書紀の抄録などもみられるが、住吉大社独自の伝承について、武田祐吉氏は、

「殊に舟木等本記の一條の如き、極めて高古の文で、大寶二年に定めたといふ本縁起の文が、その儘に残ってゐるかと思はれる程である。記事は全編としては秩序が整備してはゐないが、それはこの書の古風を傷つける理由にはならない。日本書紀に見える話の他は、諸国の風土記と通ふ所のある神話を記し、決して後人のさかしらに出たもので無いことを思はしめる。神領の四至を記した記事も、具体的に記されてあつて、浮いた点が無い。」（前掲）

と述べておられ、西宮一民氏は、天暦・長保書写説を取りつつも、大社伝来の、しかもすでに断片化し天平三年撰とする大社神代記なるもの—原撰神代記—の存在を認めておられる（前掲）。

そこで、本論では、天平三年の奥付の意味をもう一度考え直しつつ、原撰神代記の編纂及びその歴史背景について考察を加えてみたい。

二、住吉大社神代記の巻末からみえる編纂過程とその動機

本章では、神代記の巻末からみえる編纂過程について考察する。尚、神代記については、文末尾に「後裔各々秘蔵して妄りに伝へ見る可からず　努力」とあり、ご神体に准ずる秘蔵として、古来より神社側では披見を許さないほど尊重されてきた。江戸期においては、松葉大記には「神代記、今不レ知二其存否一」、「今神殿所レ納之書笈韓櫃皆神封而不レ得レ開」とあり、松下見林も「請二国教朝臣一欲レ開二見此御筐一、是蓋疑三筐中納二神代記一也、時正祢宜神奴連明勝大拒止レ之、見林不レ得二其志一去」とあるように開陳を希望しても叶わず、その伝統は現在へと受け継がれている。よって、その解釈については、昭和七年の影印版本と田中博士の書誌研究によって考察していくこと

にする。

それによると、現存の神代記は、合計三十六枚の続紙を繋いだ一巻本より構成されており、本文墨附の部分には、全面に「住吉神印」が捺印されている。全体の概要は、左図に見る如く、大きく三部からなる。

先ずは、津守客人の家料と考えられる前部分（第一紙から第七紙）と後部分（第十四紙から第三十五紙）でこれを甲本と称し、その間に薄墨を以て罫線を引いた所謂、異筆部分（第八紙から第十三紙）で乙本と称する。この部分は、甲本の神印とは喰違い、全く別個に神印が捺印されていることから、甲本とは元来異なる神代記一巻本であり、その中の六紙のみが残ったもので、慎重な書写態度から、四通のうちの社納一通ではないかと類推されている。乙本が亡失した原因については、未詳とするも、『続日本紀』天平勝宝五年八月壬寅条に、

「摂津国御津村南風大吹、潮水暴溢壊等二損廬舎一百十餘

住吉大社神代記の概要

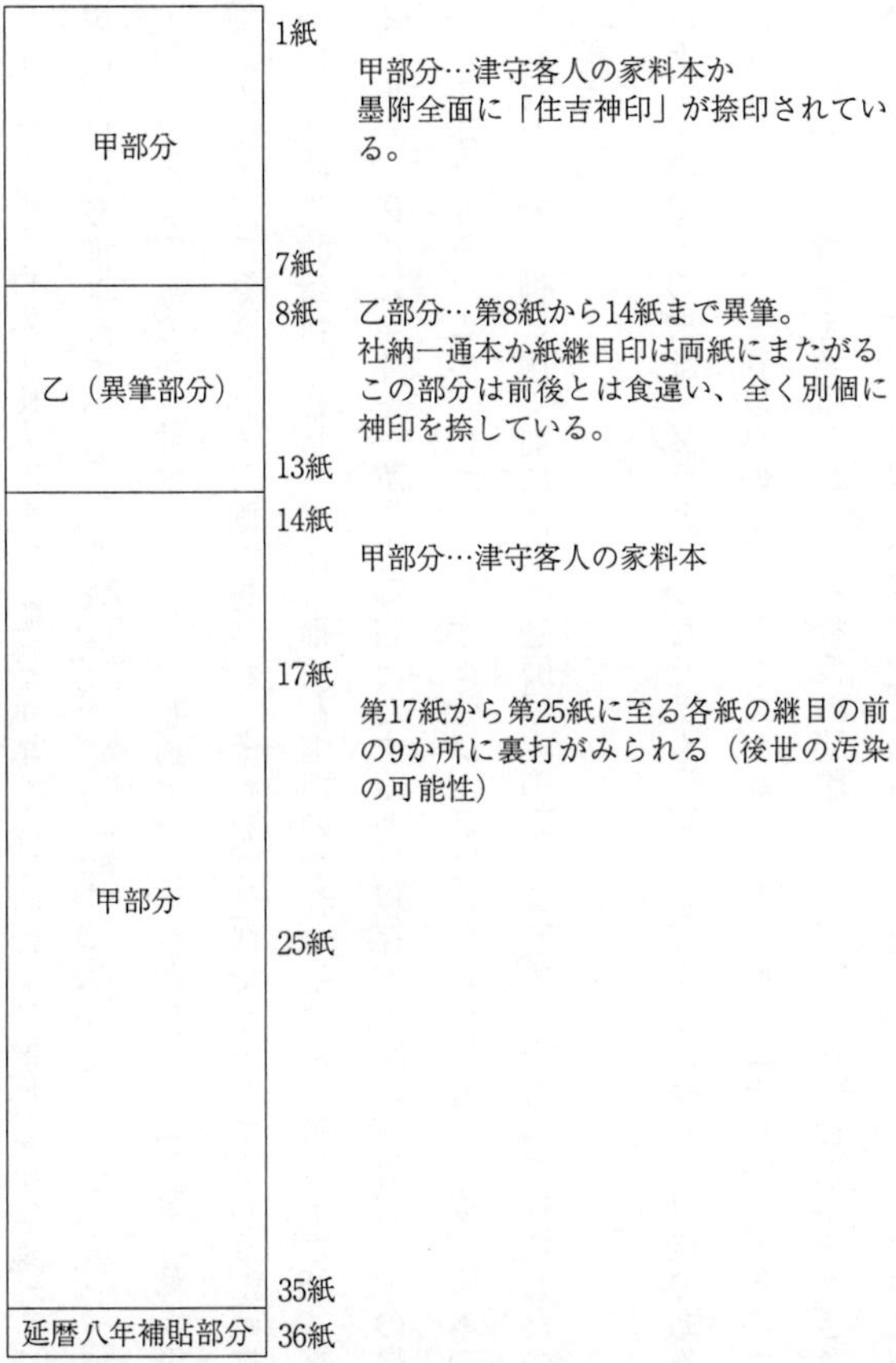

部分	紙	備考
甲部分	1紙〜7紙	甲部分…津守客人の家料本か 墨附全面に「住吉神印」が捺印されている。
乙（異筆部分）	8紙〜13紙	乙部分…第8紙から14紙まで異筆。 社納一通本か紙継目印は両紙にまたがる この部分は前後とは食違い、全く別個に神印を捺している。
甲部分	14紙〜17紙	甲部分…津守客人の家料本
	17紙〜25紙	第17紙から第25紙に至る各紙の継目の前の9か所に裏打がみられる（後世の汚染の可能性）
	〜35紙	
延暦八年補貼部分	36紙	

區一、漂二没百姓五百六十餘人一、並加二賑恤一仍追二海濱居民一遷二置於京中空地二」とある大洪水が遠因ではないかと村尾次郎氏は類推されている（「読住吉大社神代記—田中卓氏の論証に対する二三の感想—」『藝林』三巻一号 昭和二六年）。こうした神社側の事情にあって、延暦八年（七八九）、桓武天皇の住吉行幸に際して、改めて、『住吉大社神代記』を上覧に供するために、甲本と乙本という二種類の神代記を継ぎ合わす計画が施され、それを朝廷側で承認してもらうために、新しく全体を一筆で書写したものに「為後代験請判」として、住吉郡司と国司の署判を受けた（第三十六紙）を最後に継ぎ合わせたと解されている。但し、最後に全体を一筆で書写したとすると、現存本の間に何故、乙本の異筆が混入したままになっているのかが不明となる。この点につき、田中博士は、延暦八年以後にもう一度、甲本の続紙がはがれ、中間部分の一部が失われたので、神社側で別に伝来の延暦写本の副本（乙本）をもって補塡したのが現存の本書であるとされている（前掲五一七頁）。

以上、田中博士の検証に従うと、少なくとも天平勝宝五年と延暦八年以後のある時期に二度、甲本が亡失したことになる。しかし、それ以外の可能性として、なんらかの原因（天平勝宝五年の大洪水等）によって亡失した神代記を、延暦期の行幸を契機として、神社側の要請により、客人本と社納本を繋ぎ合わせることについて、郡司と国司がそれぞれ承認したものが現存の神代記であると考えた方がいいのではないだろうか。また、自署の問題についても、天平三年の津守嶋麻呂と客人については、坂本太郎博士の批判を認められ、正文に擬する模写であるとされたが、津守屋主以下、郡司と国司の署判は、平安前期の書風（原本）と考えられておられる。

しかし、本来、郡司と国司の自署が原本であるならば、その上に、各官司の判が押されていても妥当と思われるが、実際は、住吉神印が押されている点についても理解し難しい問題であり、末尾の自署についても、模写である可能性を否定しきれず、この点については保留せざるを得ない。ともかく、延暦八年を含めた神代記の編纂に際しては、現存本の調査からすると、続紙の継合わせ及び捺印の問題と末尾の編纂事情をどう結び付けるのかが焦点となってくる。

そこで、改めて、ここに、神代記の奥付を掲げながら、その編纂過程を確認しておきたい。尚、文意の構成上、Ⓐから Ⓖの七段落に分割し得ると考えられるので、各段落ごとに記号を付しておく。

Ⓐ以前、御大神顕坐神代記、引下勘己未年七月朔丙子、注進、大山下右大弁津守連吉祥、去以二大寶二年壬寅
八月七日壬戌一定給本縁起等上、依二宣旨一具勘注、所二言上一如レ件、謹以解、

Ⓑ天平三年七月五日　神主従八位下津守宿禰嶋麻呂
遣唐使神主正六位上津守宿禰客人

Ⓒ件神代記肆通之中、進レ官一通、社納一通、氏納一門一通、二門一通、後裔各秘蔵、妄不レ可二傳見一、努力、
如レ前起請之、但客人家料也　嶋麻呂

Ⓓ　為二後代験一、請レ判津守宿禰屋主　客人

Ⓔ郡判依レ請之
擬大領外正六位下勲十一等津守宿禰和麿　擬主帳土師豊継
少領外従八位上津守宿禰浄山

Ⓕ職判依二郡判一
従五位位行下大進小野朝臣澤守
正六位上行少進葛木氷魚麿
正六位下行少属勲十一等物部首

従七位上行少属堅部使主

延暦八年八月二十七日

Ⓖ

この奥付は、大きく二段階から構成されている。前半のⒶは、神代記冒頭の「座$_{二}$摂津職$_{一}$住吉大社司解 申、言上神代記事」に対応したもので、本縁起の勘注次第についてその歴史的経過が記してあり、末尾に「謹以解」とあって公式令解式の書式に基づいている。次のⒷは、Ⓐの解状の日時と思われ、天平三年の奥付と津守嶋麻呂と客人の二人の位署書が記され、これを「第一の編纂段階」と称する。

但し、この解状が正確に摂津職の手元に届いたものなのかは、この部分からでは判断できない。それは、次のⒸから、当該解状が四通作製された神代記書写本のうちの津守客人家料本（甲本）であることを示しており、摂津職を通じて官にも一通、提出されたことが記録されている。四通とは、官、社、津守氏一門及び二門であり、この官とは、神祇官を示していると考えられる。社一通について、田中博士によると、中間異筆の乙本であった可能性が高いとされている。その後、なんらかの原因により、原本が亡失し、津守一門の客人本（甲本）と社納本（乙本）を繋ぎ合わせる計画が、桓武天皇の行幸に際して、津守屋主らによって要請され、後半のⒹ以下が追加されることになり、それを朝廷側で承認してもらうために、「後代験」として、Ⓔは住吉郡司三人の署判、Ⓕは国司の署判、Ⓖは武田祐吉・田中卓両説によると、ⒺとⒻの署判を得て、津守家に本書が戻ってきた日時と解されており、これを第二の編纂段階と称する。

こうした二段階による編纂過程が認められるとすれば、問題となる異筆部分は、神代記の内容から言えば、住吉大神顕現次第（一五〇～二六一行）にあたり、日本書紀の抄録部分と一致しているところであり、神代記の独自内容とは直接の因果関係は考えられず、「甲本＋乙本＋甲本＋巻末」を繋ぎ合わせた一巻本を現存の住吉大社神代記の完本とみなして考察をすすめていきたい。

このうち、原撰神代記を考える上で問題となってくるのは、神代記本文の編纂過程を記した勘注次第（Ⓐ、Ⓑ部分）の解釈についてである。先ず、宮地直一氏は、「天平三年七月五日に津守客人・同嶋麿等によって奉られたもので、その内容は、津守連吉祥が大宝二年八月二十七日に定めて、己未の年即ち養老三年七月一日に注進した本縁起等を引勘へて言上しもの」と解され、武田祐吉氏は、「この解は天平三年七月五日に、津守客人、同嶋麻呂等に依って奉られたものである。その内容は己未の年（養老三年）七月一日に注進した本縁起を引き勘へて勘注した。その縁起は津守連吉祥が大宝二年八月二十七日に定めたものであるといふ」と述べられて、両者ともに己未年を養老三年（七一九年）とし、大宝二年八月二十七日に津守吉祥が縁起を定めたと解釈している。宮地・武田氏の解釈に従って当該部分を区切ると、以下のような順序（①大宝二年→2己未年（養老三年）→③天平三年）となる。

以前、御大神顕坐神代記、引下勘②己未年七月朔丙子、注進、①大山下右大弁津守連吉祥、去以二大寶二年壬寅八月七日壬戌一定給本縁起等上、依二宣旨一具勘注、所二言上一如レ件、謹以解、

③天平三年七月五日　　神主従八位下津守宿禰嶋麻呂

また、近年刊行された『古代氏文集』（山川出版社 平成二十四年）には、己未年の具体的な年代比定はみられないものの、この勘注次第を以下のように訓読している。尚、本文の底本には、『田中卓著作集七　住吉大社神代記の研究』の影印版が利用されている。

「以前、御大神顕れ座す神代記なり。引勘へ、②己未年の七月の朔の丙子に、注して進る。大山下右大弁津守連吉祥、去にし大宝二年壬寅の八月二十七日壬戌を以ちて、本縁起等を定め給ふ。宣旨に依りて具に勘へ注し、言上ぐる所件の如し。謹みて解す。」

これよると、己未年七月丙子に注進したものと、津守吉祥が大宝二年に本縁起を定め給い、宣旨によって具に勘注したものを区別して理解しており、宮地、武田説のように己未年と津守吉祥を区別して解釈しているように読み取れる。

しかし、この点については、田中博士が批判されるように、『斉明天皇紀』五年七月丙子朔戊寅条に、

「遣㆓小錦下坂合部連石布・大山下津守連吉祥㆒、使㆓於唐国㆒、仍以㆓道奥蝦夷男女二人㆒、示㆓唐天子㆒」

とあり、同年の日本書紀所引にも、

「同天皇之世、小錦下坂合部連石布・大山下津守連吉祥等二船、奉㆓使呉唐之路㆒、以㆓己未年七月三日㆒、發㆑自㆓難波三津之浦㆒」

とみえるように、津守吉祥の冠位「大山下」の期間は、大化五年二月制定から天武天皇十四年の間であり、大宝二年には及ばないのである。尚、加茂正典氏は「「大山下津守吉祥連」は「小錦下坂合部石布連」の冠位表記例からすれば、天智三年二月以降の冠位であるが、一方、『海外国記』（『善隣国宝記』所収）天智三年九月条の郭務悰来朝記事では津守連吉祥の冠位は「大山中」と記され、一階昇進したことが窺える。従って博徳が少なくとも同箇所を書いたのは、吉祥の冠位が「大山下」の時—つまり天智三年二月より九月迄の間に限定することができる。」と指摘されている（「『伊吉博徳書』の再検討—その執筆動機に就いて—」『文化史学』四〇号昭和五九年）。また、己未年についても、養老三年の七月朔の干支は「戊子」であって、「丙子」ではないのである。よって、己未年は養老三年ではなく、斉明天皇五年とほぼ確定され、Ⓐの「己未年七月朔日（丙子）、注進、大山下右大弁津守連吉祥」は、文意的に離して解するのではなく、「己未年である斉明天皇五年の七月一日（丙子）に津守連吉祥が注進したもの」と訳すべきなのである。これは、伊吉連博徳書に津守吉祥が遣唐使に派遣された七月三日の直前に相当することになり、内容的にも妥当と考えられる。

次に、神代記の編纂動機について考察する。従来より、神代記の奥付「天平三年」を積極的に認めない論者の理由として、常に問題とされる元慶官符をここに掲げる。

「神社公文事

太政官符

應レ勘二造住吉社神財帳三通一事

右撿二案内一、彼社神財觸レ類有レ数、而前来神主等不勤二守掌一、雖レ有二遷替一終無二勘發一、前神主津守公守在レ任之時、多失二神財一、非二只親自犯取一、兼亦為レ他所レ盗、仍加二勘責一解却已畢、今被二右大臣宣一偁、宜下仰二国宰一国司神主相共勤撿二子細一勘録、毎レ有二遷替一必造二三通一、一通付レ国、一通留上社、立為二恒例一不レ得二遺漏一

元慶三年七月二十二日

これは、元慶三年（八七九）に、津守公守が神財を亡失した責任から解官された事件を契機に、国司と神主が相共に子細を検校、勘録し、遷替ごとに住吉社神財帳を三通勘造することになったもので、従来から、この神財帳と神代記編纂との関係が想定されている。

昭和十一年、住吉大社から全巻原寸大の写真複製版が宮地直一博士の解説を附けて発刊された際、その中で、宮地氏は「元慶三年七月二十二日に住吉社に下された太政官符によれば、同社前神主津守□公が在任の時、多くの神財を失った為めその職を辞せしめられたので、時の右大臣藤原基経は、爾後国司・神主相共にその子細を禄し、その変動ある毎に神財帳三通を作製し、一通は中央に送り、一通は国衙に、他は神社に留むべく規定してゐるが、神代記の内容及び末段の四通作製の文より察するに、その間何等かの聯関の潜むやうに思はしめる。」と両者の関連性を示唆されている。

また、坂本太郎氏は、さらに踏み込んで「神財について、元慶三年七月二十二日住吉神社は、太政官符を蒙って神財帳を作ることを義務付けられた（『類聚三代格』巻一）（中略）これ以後神財帳ができたことは確かであるが、それ以前には文面から見ると神財帳があつた様子がない。それから考えると、神代記にあげられた神財帳目録は、元慶三年以後いつの時にか作られた神財帳の俤を残しているのではあるまいか。これから神代記を作られた時の上限として元慶三年という年が推測される。」と述べられて、神代記編纂との積極的関係を想定されている。

一方、西宮一民博士は、「元慶三年の官符によって、如何なる神財帳が作られたか全く不明なので、或いはこの時に作られたのが本書ではあるまいか、などといふ想像がなされるのは当然であらう。しかし、現存本は元慶三年から数へて約八〇年から一二〇年後に書かれてゐると推定できるから、現存本と元慶三年の官符とは関係が無いのである。とは言へ、もし現存本の母胎になるものが元慶三年の官符に応じて書かれたかと想定することもできる。ところが、もしその時に書かれたものなら、何を好んで、天平三年撰として提出する必要があらう。」と述べられて、両者の関係には否定的である。

田中卓博士も西宮説同様、「その若干が紛失した（元慶三年）後に、神社側で、百五十年前（天平三年）にはこれだけ沢山―少なくとも元慶当時よりも多数―の神財がありましたと、ことさら造作してみせたところで何の役にも立つまい。かへつてその後の紛失を自ら証明するやうなものである。」と指摘されている。

ともかく、元慶官符と神代記の関係については、論者によって決定的な決め手はないものの、書風や用語等の書誌学の面を加味しつつ、爾後、元慶三年を上限とした平安期による編纂を妥当とする論調が多くを占めるようになっていくのである。近年、漸く、住吉大社神代記が古語拾遺等とともに『古代氏文集』の一つとして発刊されることになったが、その収載史料の多くは平安時代初期の諸氏族の氏族伝承を記した一つとして紹介されている。

しかし、元慶三年の太政官符の解釈をめぐってはここに二つの疑問がある。

先ず、この神財帳の作成が住吉社の遷替に伴うものであった点である。もし、住吉大社の遷替に合わせて神代記が編纂されたものであるならば、例えば、延喜臨時祭式には、

「凡諸国神社随レ破修理、但摂津国住吉、下総国香取、常陸国鹿嶋等神社正殿、二十年一度改造、其料便用二神税一、
如無二神税一即充二正税一」

とみえるような遷宮に関わる規定や古傳が神代記の内容に記載されていてもいいはずなのに、往古の神功皇后を起源とした神域に関わる伝承が多くを占めており、遷宮に関わる内容についてはほとんど触れていない点である。

もう一つは、この神財帳が国司と神主が相共に作成に関わったという点である。しかし、神代記の冒頭には「座摂津職住吉大社司解　申言上神代記事」とあるように、編纂当時、住吉大社は摂津国司でなく、摂津職の管轄下にあったのである。さらに、元慶の神財帳は、太政官と国司と社用の三通が作成されたのに対して、神代記の奥付によると、官と社と氏二門の四通作成されており、国司が神代記作成に関与した形跡は見られない。

これらの点からも、元慶の神財帳と神代記が内容的にも一致したものとは早計できず、むしろ、弘仁から貞観にかけて、各地の神社ではその修造費用をめぐって、国司側と神主側（伊勢神宮の場合は大神宮司）で管理権をめぐる問題が頻発しており、元慶の神財帳作成には、朝廷が住吉社の遷替を通じて、国司を介在しつつ神財を検校することで、神社運営を管理していこうとした背景があったものと推測される。元来、神代記には、巻頭に社殿、祭神、神戸、大神宮、部類神、子神などに加えて、「神財流代長財」という劔、鏡、刀、箭、楯、桙、鈴等の全十一種二百三十三品もの神財リストが明記されていた。おそらく、津守公守が亡失した神財とは、こうした神代記に記載されていたこれらの貴重な神財だったが故に、朝廷では、既に撰進されていた神代記の内容と亡失した神財とを見比

べた上で、科祓よりも重い解官処分が下されたのではないだろうか。拠って、元慶年間以前には、少なくとも、亡失した神財を確認し得る縁起類がすでに住吉大社には存在していた可能性の方が高いものと考えられる。

一方、Ⓑの奥付「天平三年」を重視される田中卓博士は、『古語拾遺』に、

「至二大宝年中一、初有二記文一、神祇之簿、猶無二明案一、望秩之礼、未レ制二其式一、至二天平年中一、勘二造神帳一、中臣専レ権、任レ意取捨、有レ由者、小祀皆列、无レ縁者、大社猶廃、敷奏施行、当時独歩、諸社封税、総入二一門一」

とある記事に注目され、「神代記に「大寶二年壬寅八月七日壬戌一定給本縁起」（Ⓐの奥付部分）とは、実に「大宝年中」、「記文」を以て神祇官において作製するための資料として、諸社より勘注言上したところの縁起の一であったに相違ない。」と解される。このの ち、古語拾遺によると、記文はあれども、神祇之簿は明案なく式文化されなかったのが、「至二天平年中一、勘二造神帳一」とみえるように、天平年中に至って神帳が勘造せられることになった。田中博士は、

「延暦二十三年撰進の皇大神宮儀式帳に「官帳社」「未二官帳社一田社」、同年撰の止由気宮儀式帳に「載二官帳名一社」「未レ載二官帳名一社」等と見え、また溯って天平五年撰述の出雲国風土記に神社名を掲げて「並在二神祇官一」「並不レ在二神祇官一」と記すところの「神祇官・官帳」が、実は古語拾遺に所謂「神帳」に他ならないと考えられる。（中略）更に「天平五年」以前であることは出雲国風土記によって立証せられる。」

と述べられて、天平元年より天平五年までの期間を神帳の成立時期と推定される。その上で、「本書（神代記）は、蓋し天平三・四年の交に勘造せられた神祇官帳の資料として、住吉大社より解文として提出せられた縁起であった。従ってこの種の縁起は当時の諸社何れにも存したわけであらうが、それらは悉く失はれ、いま現存するもの、即ちこの住吉大社神代記を以て唯一としなければならないのである。」

と結論付けられた（原著『住吉大社神代記』第六章「結言―神代記撰進の理由―」昭和二六年のち同著作集七巻所収）。

確かに、延喜神名式に至る神社リストの原型が天平年中の神祇官の官帳作製にあることを明らかにされたのは、卓見であると考えられるが、天平年間に多くの神社で編纂された神祇官資料の一つとして、住吉大社神代記を位置付けるよりも、神代記撰進の背景には、もっと、住吉大社側からの積極的な要求や時代的背景があったのではないかと推測する。

その理由の一つが、天平三年七月五日の奥書に記す津守宿禰嶋麻呂と客人の自署の問題である。原本ではないので、後筆と考えられるが、ここに改変がないとすれば、位階については、嶋麻呂は従八位下、客人は正六位上であり、客人の方が上位であるのは、遣唐使の派遣に対する優遇かもしれない。しかし、一概に比較出来ないけれど、同じ相嘗祭社の神主である大神氏や大倭氏の氏上の官位―続日本紀の和銅七年（七一四）二月丁酉条には、「以二従五位下大倭忌寸五百足一為二氏上一、令レ主二神祭一」とあり、慶雲四年（七一六）九月丁未（十二）条には、「正五位位大神朝臣安麻呂為二氏長一」―と比べると若干低いと言える。

次に、官職については、嶋麻呂は神主という表記だけであるが、津守宿禰客人は「遣唐使神主」という表記が窺える。この点、津守氏古系図には、「遣唐神主」、「渤海神主」等の用語がみられるものの、正史にはみられない。ただ、これに関連して、延喜大蔵省式入諸蕃使条には、

「入唐大使、副使、判官、禄事、知乗船事、譯語、請益生、主神、医師、陰陽師、畫師等」

とあり、入唐大使以下の具体的な乗船員への禄法が定められているが、その七番目に主神という役職がみえる。おそらく、この主神は遣唐使に乗船する津守氏の祭祀的役割のために設けられた官職であると推測されるが、主神と遣唐使神主とは、どう違うのだろうか。

そこで、しばらく、「主神」について職掌と補任例についてみておく。主神という官職については、遣唐使に乗船する主神の他に斎宮寮の主神司と大宰府の主神がみられる。

先ず、大宰府の主神は官位令によると、正七位下で相当位は高くはないが、職員令の筆頭に主神一人、続いて帥一人とあり、中央官制の神祇官と太政官の関係に相似している。その職掌は、「掌諸祭祠事」とあり、令集解の穴云には、「與二神祇官祭一別合依式也」とあり、神祇官祭祀とは異なる別式が合ったと伝えている。朱云には、「諸祭祀事、謂包二九国三嶋之内祭祀一耳」とあり、九州全域の祭祀を管掌していたとする。

渡辺直彦氏は、延喜四時祭式の祈年条によると、神祇官の官幣に預かる七三七座の中に西海道の諸国が含まれていないことから、「管内の国島司が、禰宜・祝部等を率いて、大宰府に幣帛を受け取りに来るが、その際にいわば神祇官の「官幣」に相当する「府幣」とも称すべき祭料の頒幣等の神事に当たるのが主神であろう」とされる（「主神司の研究」同著『日本古代官位制度の基礎的研究』所収　昭和四七年　吉川弘文館）。

次に、主神の補任例については、僅かではあるが、『万葉集』巻五には、天平二年正月十三日大宰帥大伴旅人の邸宅で催された梅花宴の詠み人の一人に「神司荒氏稲布」がみえる。渡辺氏は、「この「神司」は疑いもなく主神のことであり、『和名抄』に「加美官」とある国訓に対する当字であろう。」とされる。また、道鏡に媚びて宇佐八幡神と矯り、道教をして皇位に即けると天下太平になると言った大宰主神習宜阿曾麻呂がいる（続日本紀神護景雲三年九月二五日条・宝亀三年四月七日条）。もう一人は、宝亀四年正月九日付の豊前国司に充てた大宰府符（『石清水文書』二）には、

大宰府符豊前国司

主神従七位上中臣朝臣宅成　従二人

上三人　従各一人

右、得彼国司今月二日解状偁、頃年之間、八幡大神禰宜・宮司人等、寄辞神託、屡有妖言、非止擾乱国家、兼有詐偽朝廷、前後国司未加糺正、宰牧之務豈如此乎、望請、上件官人、国司判官已上、倶向神宮、明定実否、事旨既重、不敢不陳者、府判、依請発遣如件、国宜承知、依状施行、其路次駅宜給食馬、令得往還、符到奉行

とみえ、豊前国解によると、宇佐八幡宮女禰宜辛嶋与曽女と宮司大神多麻呂等の神託の虚実を明定するために、府使として主神従七位上中臣朝臣宅成が派遣されている。また、延喜十三年十二月二十九日付の大宰府宛の太政官符には、「前主神大中臣伊定」が宇佐八幡宮の殿舎破損修理したことがみえる。尚、薬師寺僧行信や従四位下大神朝臣杜女とともに乗輿を厭魅した罪に処せられた中に、八幡神宮主神大神朝臣多麻呂がみえる（続日本紀天平勝寶元年十一月辛卯朔日条・天平勝寶六年十一月二四日条）。これによると、宇佐八幡宮に「主神」が置かれていたように見えるが、渡辺氏は、多麻呂以外に類例がなく否定的に考えられている。

次に、斎宮寮の主神司については、神亀五年（七二八）七月二十一日の勅によると、斎宮寮の四等官に続いて筆頭に「主神司、中臣一人、従七位官、忌部一人、宮主一人、巳上従八位官、神部六人、卜部四人」（『狩野文庫本類聚三代格』）とみえており、主神司は、従七位官の中臣、従八位官の忌部、宮主と神部、卜部からなり、中臣と忌部との間には、官位の格差が窺える。尚、従来から主神司を含めたこの格をめぐっては、諸説あり、直木孝次郎氏は、この時に正式に諸司も含めて斎宮寮が設置されたとされる（「奈良時代における伊勢神宮」『続日本紀研究』二―二・六・一一・一二号　昭和三十年　のち同著『日本古代の氏族と天皇』に「奈良時代の伊勢神宮」と改題収載　昭和三十九年　塙書房）。田中卓氏は、前年の神亀四年の「補㆓斎宮寮官人一百二十一人㆒」とある寮官人の補任を受けて、被官の諸司が新設されたとされる（「斎宮―直木氏の所説に関連しつつ―」『続日本紀研究』二―一〇　昭和二十五年　のち同著作集四巻『伊勢神宮の創祀と発展』収載　昭和六十年）。西洋子氏は、閉鎖されていた斎宮寮が井上内親王の群行に先立って置かれたためのものであって、新設された訳ではないとし、すべての官員の官位相当が定められたとされる。

また、延暦十九年十一月三日太政官符に、

「斎宮主神司　右被二右大臣宣一偁、奉レ勅件司令外特置、未レ有レ所レ管、考二校功過一、無レ由レ取レ決、宜二自レ今以後令二神祇官管摂一」（『類聚三代格』巻一）

とみえる格についても諸説分かれており、直木孝次郎氏は、延暦十九年までは主神司が斎宮寮の被管ではなく、「斎宮寮とは少くとも形式的に独立していたのではなかろうか。」とされる。一方、田中卓氏は、「「未レ有レ所レ管」といふのは、「考二校功過一」といふやうなことの行へる上級官司との間に所管関係がない、といふことであって、祭祀を中心とした斎宮の立場において、官司そのものの関係としては、十一司はすべて斎宮寮の被管であつたと思はれる。」とされる。また、西洋子氏は、「主神司の官員が中臣以下神事に関する特殊な職掌の故に、その「考二校功過一」が寮の権限をこえるものであって、寮から独立していたことをいっているものではない」とされる。（「斎宮寮について―奈良時代を中心として―」『日本古代史研究』吉川弘文館　昭和五十五年）

おそらく、この格は、斎宮寮との被管関係の是非を問うているのではなく、主神司の考課の管摂権の所属の是非を問題としている。延喜斎宮式月料条には、「寮官人百二十七人」とあり、増員六人を引くと神亀四年の斎宮寮官人百二十一人と一致することから、神亀の井上内親王の斎王時代に、大いに斎宮寮が整備されていたことが窺える。主神司の職掌については、延喜斎宮式によると、斎宮内における祈年祭や新嘗祭の実務をはじめ、勤務者の卜定、離宮での大殿祭の執行等祭祀全般に関与しているが、斎王が伊勢神宮で行う祭祀には、同行はするものの、斎宮官人による舞の外には役割がない点が指摘されている。

このように、大宰府の主神については、神司荒氏稲布や習宜阿曾麻呂等、中臣氏以外の補任例がみられるものの、中臣朝臣宅成をはじめ平安時代の『大中臣系図』によると、清麻呂の系から大宰主神として、諸継・貞範・並高・

善種・有永・千世等、次第に中臣氏が独占していく傾向がみられる。

また、斎宮主神司については、神亀五年の段階から中臣を筆頭に斎宮内での祭祀を独占していた。『古語拾遺』には、

「又、肇レ自二神代一、中臣・斎部供二神事一、無レ有二差降一、中間以来、権移二一氏一、斎宮寮主神司中臣・斎部者、元同二七位官一、而、延暦初、朝原内親王、奉レ斎之日、殊降二斎部一、為二八位官一、于レ今未レ復、所レ遺六也」

「凡、奉二幣諸神一者、中臣・斎部、共預二其事一、而、今大宰主神司、独任二中臣一、不レ預二斎部一、所レ遺七也」

とあり、斎宮寮と大宰府の主神司の任官について、中臣氏が独占していることを訴えている。

一方、遣唐使の主神については、続日本紀の宝亀九年十一月十三日（乙卯）条には、

「第二船到二泊薩摩国出水郡一、又第一船海中々断、舳艫各分、主神津守宿祢国麻呂、幷唐判官等五十六人、乗二其艫一而着二甑嶋郡一」

とみえ、津守宿祢国麻呂が第一船に主神として乗船していたことが記されている。

この他にも、『津守氏系図』には、津守宿祢池吉の尻付に、

「平安宮天皇御世、遣唐神主、給二借五位一、還来大神祭祀」・

とあり、津守國麿にも、

「讃岐國大目兼遣唐神主、再当社神主」

というような「遣唐神主」という用語が散見される。また、津守男足については、

「奉二仕奈良朝廷女帝御世一、渤海神主、不還来」

とあり、渤海神主として渡海したが、帰還できなかったことが系図に記されている。

このように、津守氏は、唐や渤海への遣使に関して主神―ないしは遣唐神主・渤海神主―という役職に就いており、これは、大宰府と斎宮の主神―ないしは主神司―に中臣氏が独占しつつあったのと対照的であり、遣唐使の祭祀だけは、中臣氏ではなく、津守氏が古来から海洋に関わる神祇祭祀を掌っていた歴史性に基づいていたと考えられる。尚、斎宮主神司と大宰府の主神との前後関係について、松田博一氏は、「大宰府官司制論」（大宰府史跡発掘50周年記念論文集刊行会編『大宰府の研究』高志書院 平成三十年）の中で、「斎宮寮の主神司の長は主神ではなく中臣であることから、主神司の官名は大宰主神を長とする大宰府の主神司にならったものと考えるべきであろう。したがって、大宰府の主神司は、斎宮寮の主神司に先行して成立していたことになる。」と述べておられるが、必ずしもそうとは言えず、むしろ、斎宮主神司も遣唐使の主神も、その都度、開催される臨時の官職であったことを考慮に入れると、大宰府の主神の場合も、大宝令以前の筑紫大宰―大宰府の前身―の段階では、臨時に設置されていたのではないだろうか。

ただし、神代記の奥書にみえる津守宿禰客人の役職は、主神という官名ではなく、あくまで、「遣唐使神主」という表記である違いをどうみるべきだろうか。

先ず、一つには、神主とのみ表記する津守嶋麻呂との差異を明確にするという意味合いがあったのではないか。あくまでも、「遣唐使神主」という文末の自署からは、遣唐使に乗船する唯一の神主であることを意識した強い印象を神代記全体の文章に与えているように思われる。

さらに、この津守宿禰客人について、渡辺直彦氏は「養老元年三月に難波より発遣し、同二年十月に帰朝した第八次遣唐使の主神でもあろうか。」と類推されているが、養老元年の遣唐使に続いて、今回の天平まで約十六年を経ている。果たして、この間を通して、遣唐使神主と言われ続けていたかは疑問である。

むしろ、東野治之氏が、遣唐使は二十年に一度の年期制が確約されていたことを指摘されており（『遣唐使東アジアのなかで』朝日選書十一年（平成）、天平五年（七三三）の遣唐使の発遣は、かなり早くから、予定されていたのではないだろうか。

但し、後述するように、神代記が編纂された天平三年七月五日から、遣唐大使が任命される天平四年八月丁亥（十七日）までには、およそ一年の期間があり、大使任命以前から、主神という役職に任命されていた訳ではないだろう。とすれば、正式役職名である主神ではなく、遣唐使神主といういわば、内々の固有名詞的な表現として住吉大社の文書の文末に記された可能性が考えられ、改めて、神代記と遣唐使との関係を調べる必要が求められる。

三、神代記撰進前後の日本をめぐる国際情勢—神亀四年〜天平六年—

前章では、神代記の奥書の位署書から神代記撰進の理由に、次の天平五年の遣唐使の発遣が大きく影響を及ぼしていたのではないかと類推した。そこで、当時の遣唐使の発遣に至る国際情勢の中で、改めて、神代記撰進の理由を位置づけてみたい。よって、神代記撰進の天平三年を基準に前半と後半に分けながら、隣国の大唐、蕃国の新羅・渤海の動きを中心に検証していく。先ず前半部分の外交記事を続日本紀に従ってここに掲げる。

神亀四年（七二七）

① 九月庚寅（二十一日）条「渤海郡王使首領高斉徳等八人、来着二出羽国一、遣レ使存問、兼賜二時服一」

② 十二月丁亥（二十日）条「渤海郡王使高斉徳等八人入レ京」

③ 十二月丙申（二十九日）条「遣レ使賜二高斉徳等衣服・冠・履一、渤海郡者旧高麗国也、淡海朝廷七年冬十月、唐将李勣伐滅二高麗一、其後朝貢久絶矣、至レ是、渤海郡王遣二寧遠将軍高仁義等二十四人一朝聘、而着二蝦夷境一、仁義以下十六人並被二殺害一、首領斉徳等八人僅免レ死而来」

神亀五年（七二八）

④ 正月庚子（三日）条「天皇御二大極殿一、王臣、百寮及渤海使等朝貢」

⑤ 正月甲寅（十七日）条「天皇御二中宮一、高斉徳等上二其王書并方物一、其詞曰、

（A）武藝啓、山河異レ域、国土不同、延聴二風猷一、但増二傾仰一、（B）伏惟大王、天朝受レ命、日本開レ基、奕葉重レ光、本枝百世、（C）武藝忝当二列国一、濫摠二諸蕃一、（D）復二高麗之旧居一、有二扶餘之遺俗一、但以二天崖路阻、海漢悠々一、音耗未レ通、吉凶絶レ問、（E）親仁結援、庶叶二前経一、通レ使聘レ隣、始二乎今日一、謹遣二寧遠将軍郎将高仁義、游将軍果毅都尉徳周、別将舎航等二十四人一、齎レ状、并附二貂皮三百張一、奉レ送、土宜雖レ賤、用表二献芹之誠一、皮幣非レ珍、還慚二掩口之誚一、生理有レ限、披胆未レ期、時嗣二音徽一、永敦二（F）隣好一、於レ是、高斉徳等八人並授二正六位上一、賜二当色服一、仍宴二五位已上及高斉徳等一、賜二大射及雅楽寮之楽一、宴訖賜レ禄有レ差」

⑥ 二月壬午（十六日）条「以二従六位下引田朝臣虫麻呂一、為二送渤海客使一」

⑦ 四月壬午（十六日）条「斉徳等八人、各賜二綵帛・綾・綿一有レ差、仍賜二其王璽書一曰、天皇敬問二渤海郡王一、省レ啓具知、恢二復旧壌一、聿脩二曩好一、朕以嘉レ之、宜下佩レ義懐レ仁、監二撫有境一、滄波雖レ隔、不上レ断二往来一、便因二首領高斉徳等還次一、付二書并信物綵帛一十疋、綾一十疋、絁二十疋、糸一百絇、綿二百屯一、仍差二送使一発遣帰レ郷、漸熱、想平安好」

⑧ 六月庚午（五日）条「送二渤海使一使等拝辞」

⑨ 六月壬申（七日）条「水手已上摠六十二人、賜レ位有レ差」

天平二年（七三〇）

⑩ 八月辛亥（二十九日）条「遣渤海使正六位上引田朝臣虫麻呂等来帰」

⑪ 九月癸丑（二日）条「天皇御二中宮一、虫麻呂等献二渤海郡王信物一」

⑫ 九月丙子（二十五日）条「遣レ使以二渤海郡信物一、令レ献二山陵六所一、幷祭二故太政大臣藤原朝臣墓一」

⑬ 十月庚戌（二九）条「遣レ使奉二渤海信物於諸国名神社一」

天平三年（七三一）

⑭ 二月六日越前国正税帳加賀郡条「送渤海使等食料五拾斛」（『正倉院文書』）

⑮ 四月「日本国兵船三百艘、越レ海襲二我東辺、王命レ将出レ兵、大破之」（『三国史記』第八、聖徳王三十年）

⑯ 七月五日　**住吉大社神代記撰進**

⑰ 十一月丁卯（二十二日）条「始置二畿内物管・諸道鎮撫使一、以二一品新田部親王一為二大物管一、従三位藤原朝臣宇合為二副物管一、従三位多治比真人県守為二山陽道鎮撫使一、従三位藤原朝臣麿為二山陰道鎮撫使一、正四位下大伴宿禰道足為二南海道鎮撫使一」

先ずは、神代記撰進の五年前には最初の渤海使の来朝がみられる。①九月に首領高斉徳ら八人は出羽国に来着（漂着）、③によると、渤海郡とは旧高麗国であり、天智天皇に唐将李勣が高麗を伐滅して後、朝貢が久絶していた。渤海郡王（二代目の武王大武藝）の時、寧遠将軍高仁義ら二十四人を遣わして朝聘せしめたが、蝦夷の境に着き、仁義以下十六人並に殺害され、首領斉徳ら八人僅かに死を免れて来たという。その三か月後、入朝②を許され、③で衣服・冠・履を賜い、神亀五年の正月の朝賀④に参列し、⑤では高句麗滅亡以後、久絶していた日本との交渉を再開したいとする内容の渤海王大武藝の国書と方物を上っている。これに対して、日本は⑥に引田朝臣虫麻呂を送渤海客使となし、⑦では聖武天皇から渤海郡王に璽書を賜い、旧高句麗国の曩のように脩好を嘉とし、首領高斉徳等の還次に合わせて璽書と信物を贈り、帰還させる旨を述べている。⑧では送使への拝辞があり、⑨では水手以上総勢六十二人への位賜ののち出発した。その二年後の⑩に遣渤海使として引田朝臣虫麻呂が帰国し、天皇に渤海郡王の信物⑪を献上し、⑫では山陵六所と故太政大臣藤原朝臣（藤原不比等）の墓、さらに⑬では諸国の名神社へも渤海郡王の信物を奉っている。渤海使への食料の調達費については、⑭の越前国正税帳に実際の送付記事が残っている。こうした国際情勢に対して、国内の動きとしては⑰の畿内惣管・諸道鎮撫使の設置が注目される。新古典文学大系『続日本紀』二の補注（11―十七）には「惣管・鎮撫使の設置は、長屋王の変や渤海使の来朝、旱害・飢饉等による人心の動揺、社会不安を、武力を背景に鎮圧することにあったと思われる。」とし、「天平四年度の惣管・鎮撫使については、その停止についての記事がなく、使人の多くは、翌年八月、諸道節度使に任命された。」と述べている。

　このように、続日本紀によると神代記撰進までの前半は、渤海使の来朝と接遇、啓と璽書の提携による修好の開始、遣渤海使の帰国と信物の各所への奉進等があり、渤海と日本との接近を促す記事が多く散見する。

　しかしながら、渤海はこの間、唐と対立していた。神亀三年（七二六）の開元十四年には、

「開元十四年、黒水靺鞨遣レ使来朝、詔以二其地一為二黒水州一、仍置二長史一、遣レ使鎮押、武芸謂二其属一曰、黒水途二経我境一、始与二唐家一相通、旧請二突厥吐屯一、皆先告レ我同去、今不二計会一、即請二漢官一、必是与二唐家一通レ謀、腹背攻レ我也、遣二母弟大門芸及舅任雅一発レ兵以撃二黒水一」（『旧唐書』渤海靺鞨伝）

とあり、黒水靺鞨の入唐使が渤海に通告することなく渤海領内を通過し、さらに唐が黒水靺鞨の地に黒水州を設置し長史を置いて治めさせたことに起因して、渤海の武王は同母弟の門芸と舅の任雅に命じて唐と通交した黒水靺鞨

を攻撃した。

こうした動きから、唐と新羅の連携の強化を生み、また渤海の日本への接近を促したのである。拠って、⑤の渤海使が日本にもたらした国書の解釈について、石井正敏氏は、傍線（A）・（C）という書き出しから「上長に奉ずる形式を取っている」ものの、傍線（D）・（E）から「渤海が高句麗の後身であることを表明しているとはいえ、決して朝貢ないし服従的な意向を示しているとは解し難い」とし、傍線（B）は「渤海王が日本の君子（天皇）を自分と同格の相手と理解しての呼びかけ」とし、傍線（F）の言葉は「朝貢関係と相反する概念」と解されている（「第一回渤海国書について」『日本歴史』三二七号　昭和五〇年　のち同著『日本渤海関係史の研究』第二部第二章　吉川弘文館　平成十三年）。また、酒寄雅志氏は、「たんに日本に朝貢を求めてきたものではない。むしろ前記の黒水靺鞨との抗争、対唐関係の悪化にまで発展し、さらには渤海の後背にあって、唐との親密な冊封関係にある新羅が、この紛糾のなかに参加し、渤海を攻撃する可能性を有しているとの国際情勢の判断に基づき、新羅を牽制しうる勢力として、「親仁結援、庶叶二前経一」と述べて日本との提携を目的としたものであったといえよう。つまり渤海は外交上、辞を低くしながらも、日本を同格・同等の国家とみなしていたといえる。」と述べている（「渤海国家の史的展開と国際関係」同著『渤海と古代の日本』第一章所収　校倉書房　平成十三年）。首肯すべき見解である。

一方、渤海と日本との接近は新羅の警戒心を高め、新羅と日本の関係を緊張させた。⑮の三国史記には日本国の船が三百艘、海を越えて新羅の東辺を襲い、新羅は出兵して大破させた記事があるが続日本紀には見えない。ここから、津田左右吉氏はこの記事の信憑性を疑っている（「新羅征討地理考」『津田左右吉全集』一一）が、鈴木靖民氏は、「『続紀』などに形跡が残っていないからといって一概に否定されるべきではない」とし、「この聖徳王三十年、天平三年に日羅間のある程度の紛争はあったと考えても差しつかえないと推察する。」とし、「新羅には、日本へ遣使・入朝してはいてもなお不安の念が消えることなく、警戒体制をとった上に加えて、渤海の日本入貢という新事態を知ったとすると、それは日本と渤海の連携した対新羅牽制策をも意味するものであり、新羅は一層これに対して敏感にならないではいられなかったであろう。このような新羅における情勢が、朝鮮東沿岸に出現した日本の船舶を誤解して、敵船と見なし混乱を生じさせたのではあるまいかと思うのである。」と指摘される（「天平初期の対新羅関係」『國學院雑誌』六十九巻六号　昭和四三年　のち同著『古代対外関係史の研究』所収　吉川弘文館　昭和六〇年）。

おそらく、神代記編纂前夜に至るまでのこうした国際情勢については、渤海使の首領高斉徳や遣渤海使の引田朝臣虫麻呂の帰国⑩を介して藤原四卿政権下に情報が齎されていたと想定される。そして、渤海郡王の信物が諸国名神社に奉られた際⑬には、当然、住吉大社にも信物とともにそうした情報も伝わり、やがて日本の新羅に対する警戒感として醸成されていくことになるのである。一方、唐にも渤海が日本へ遣使を送り朝貢を始めたことは伝わっていただろうと類推され、渤海と新羅の両方を朝貢国と位置付ける日本としては、唐との関係性を一定に保つためにも次回の遣唐使派遣が強く意識されただろうと考えられる。

次に、神代記編纂後の国内外の情勢について考察するために、続日本紀に従って天平四年以降の記事をここに掲げる。

天平四年（七三二）

⑱　正月甲子（二十日）条「以㆓従五位下角朝臣家主㆒為㆓遣新羅使㆒」

⑲　正月丙寅（二十二日）条「新羅使来朝」

⑳　二月庚子（二十七日）条「遣新羅使等拝㆑朝」

㉑　三月戊申（五日）条「召㆓新羅使韓奈麻金長孫等於大宰府㆒」

㉒　五月壬子（十一日）条「新羅使金長孫四十人入㆑京」

㉓ 五月庚申（十九日）条「金長孫等拝レ朝、進二種々財物幷鸚鵡一口、鴝鵒一口、蜀狗一口、猟狗一口、驢二頭、騾二頭一、仍奏二請来朝年期一」

㉔ 五月壬戌（二十一日）条「饗二金長孫等於朝堂一、詔、来朝之期、許以二三年一度一、宴訖、賜二新羅王幷使人等禄一各有差」

㉕ 六月丁酉（二十六日）条「新羅使還レ蕃」

㉖ 八月辛巳（十一日）条「遣新羅使従五位下角朝臣家主等還帰」

㉗ 八月丁亥（十七日）条「以従四位上多治比真人廣成為二遣唐大使一、従五位下中臣朝臣名代為二副使一、判官四人、録事四人、正三位藤原朝臣房前為二東海・東山二道節度使一、従三位多治比真人県守為二山陰道節度使一、従三位藤原宇合為二西海道節度使一、道別判官四人、主典四人、医師一人、陰陽師一人」

㉘ 八月壬辰（二十二日）条「勅、東海・東山二道及山陰道等国(1)兵器・牛馬、並不レ得売二与他処一、一切禁断、勿レ令レ出レ界、其常進レ公牧繋飼牛馬者、不レ在二禁限一、但西海道依二恒法一、(2)又節度使所レ管諸国軍団幕釜、有レ欠者、割二取今年応レ入レ京官物一充レ価、速令二塡備一、(3)又四道兵士者、依レ令差点、満二四分之一一、其兵器者、修二理旧物一、仍造下勝レ載二百石已上一船上、(4)又量二便宜一、造レ糒焼レ塩、(5)又筑紫兵士、課役並免、其白丁者、免レ調輸レ庸、年限遠近、聴二勅処分一、(6)又使已下傔人已上、並令レ佩レ剣、其国人、習得レ入二三色一、博士者、以二生徒多少一為二三等一、上等給二田一町五段一、中等一町、下等五段、兵士者、毎月一試、得二上等一人、賜二庸綿二屯一、中等一屯」

㉙ 八月丁酉（二十七日）条「山陰道節度使判官巨曾倍朝臣津嶋、西海道判官佐伯宿禰東人並授二外従五位下一」

㉚ 九月甲辰（四日）条「遣二使于近江・丹波・播磨・備中等国一、為二遣唐使一造二船四艘一」

㉛　九月丁卯（二十七日）条「依二諸道節度使請一、充二駅鈴各二口一」

天平五年（七三三）

㉜　三月戊午（二十一日）条「遣唐大使従四位上多治比真人廣成等拝レ朝」

㉝　閏三月癸巳（二十六日）条「遣唐大使多治比真人廣成辞見、授二節刀一」

㉞　四月己亥（三日）条「遣唐四船自二難波津一進發」

先ず、神代記が編纂された翌年、角朝臣家主が遣新羅使に任命され⑱、二月⑳拝朝、八月㉖には還帰している。遣新羅使の任命は神亀元年以来であり、その理由について神亀三年以来来朝していない新羅に入貢を促す意味をもっていたと考えられている。一方、時を同じくして新羅からの来朝⑲があり、三月㉑新羅使の金長孫らを大宰府に召し、五月㉒四〇人の入京が許されている。同月㉓拝朝し、種々の財物の他、鸚鵡、鴝鵒、蜀狗、猟狗、驢、騾等の珍奇な鳥獣類の進上に続いて、「仍奏二請来朝年期一」とあり、来朝の年期を奏請してきたのである。これまで新羅からの来朝は不規則であり、神亀三年以降は五年の空白期を生じていた。この奏請があった二日後の㉔には、金長孫らは朝堂に宴せられ、この席で「来朝之期、許以二三年一度一」という詔が下された。おそらく、新羅の奏請の本意は、朝貢周期の延長を申し入れることにあったと思われるが、日本はそれに対して、三年一度の朝貢を命じたのである。宴が訖り新羅王と使人らに禄物が授けられ、六月㉕新羅使は帰途に向かったのである。そして、その翌月㉖には遣新羅使の角家主らが帰国している。

この間、新羅国内では「築二毛伐郡城一、以遮二日本賊路一」（『三国史記』王二十一年・養老六年）とあり、毛伐郡の城塞を築造して、日本の賊の通路を遮る大規模な防衛体制が進行しており、角家主は新羅国内での変化を朝廷に奏したものと考えられる。また、この年には、

「開元二十年、武芸遣二其将張文林一、率二海賊一、攻二登州刺史韋俊一、詔遣二門芸一、往二幽州一、徴レ兵以討レ之、仍令二太僕員外卿金思蘭一、往二新羅一、発レ兵以攻二其南境一、属レ山阻二寒凍一、雪深丈余、兵士死者過半、竟無レ功而還」

（『旧唐書』渤海靺鞨伝）

とあり、渤海の武芸王が張文林に命じて海賊を率いて唐の登州を攻撃する事件が起きている。これに対抗して唐は新羅に命じて渤海南境を攻撃させたが、雪に妨げられ、新羅側が退却している。

こうした国際情勢の中で、遣新羅使の帰国のわずか六日後㉗に遣唐使と節度使が同時に任命されていることに改めて注目する必要がある。先ず、多治比真人廣成を遣唐大使、中臣朝臣名代を副使とし、判官四人、録事四人が任命されている。続けて、藤原房前を東海・東山二道節度使に、多治比真人県守を山陰道節度使に、藤原宇合を西海道節度使に任命している。遣唐使に関しては、翌月㉚には、遣唐使の四船の建造が近江、丹波、播磨、備中等国に命ぜられ、翌年の三月㉜には遣唐大使多治比真人廣成が聖武天皇へ拝朝、閏三月㉝には辞見し、節刀を授けられ、任命から八か月後の四月㉞には難波津から進發している。おそらく、この遣唐使船に住吉大社神代記の奥書の遣唐神主津守宿禰客人が主神として乗船したことが想定される。

一方、節度使に関しては、任命の五日後には六条からなる職務規定に関する勅㉘―一項は兵器・牛馬の移動の禁止、二項は管内の軍団幕釜の欠損の補填規定、三項は兵士の数の充足、兵器の修理、軍船の造営に関する規定、四項は籾と塩との準備、五項は筑紫（西海道諸国）の兵士・白丁の処遇、六項は配下の処遇等が出されている。節度使の設置については、この天平四年ともう一度、天平宝字五年にも置かれている。後者については、藤原仲麻呂政権による新羅遠征計画が目的であることは続日本紀の前後の記事からも明らかである。前者の節度使の実態については、正倉院文書（大日本古文書第一巻所収）の中に、十二の断簡よりなる天平六年の出雲国計会帳が注目される。

この計会帳については、従来から坂本太郎・田中卓・村尾次郎・早川庄八氏等による詳細な研究がある。坂本太郎氏は、「備辺式二巻の頒布、出雲と隠岐とに烽の設置、少なくともこれらが海辺防備の目的を持つことは確か」とし、「天平の節度使は対内的の関係よりも、対外的の関係において新しく考究せらるべきもの」としてこの時期の日本と新羅の関係を示唆されている（「正倉院文書出雲国計会帳に見えた節度使と四度使」『寧楽』十五号 昭和七年のち 同著『日本古代史の基礎的研究（下）』所収 昭和三九年）。また、村尾次郎氏は、「天平四年八月新羅の攻撃を警戒すべく急設された節度使は、北九州および山陰の海岸地帯と、奥羽の蝦夷地を固める使命を帯びてそれぞれ編制され、山陰道は防備地帯である岩見・隠岐・出雲・伯耆の四か国に動員を下し、節度使長官は幕僚を率いて因幡に鎮所を置き、ここを司令部として海岸防備に着手したのである。」とされる（『出雲国風土記の研究』出雲大社御遷宮奉賛会 昭和二十八年）。

一方、北啓太氏は、東海・東山道節度使の設置目的については、この時期奥羽の対蝦夷関係にはさしたる緊張が見えないことからも「いざという時に西国の防衛に投入する軍の編成の準備ということが主要な施策であった」とし、「節度使は実践時の統帥とその為の軍事力の整備という律令国家では通常分化されている機能を合せ持ち、戦争の準備から実戦までを一貫して行う官」とし、「対外防衛という必要上と、その外敵との戦争の為には軍備が不十分であると認識されたことによる」とされる（「天平四年の節度使」土田直鎮先生還暦記念会編『奈良平安時代史論集』上巻 吉川弘文館 昭和五九年）。

そこで、特に天平五年八月から翌年四月にかけて節度使から出雲国へ下された符三十二條を掲げて内容を確認しておきたい。

先ず、対外防衛に関する内容としては、烽の設置（２５・２７・２８）や弩の配備（３・１０・１４・２４）、勅㉘の第三項—百石以上積載の船の建造—に関連した備辺式（１７）の作成等、要害地の警護の強化を意図したもの以外にも、一般の兵事行政として軍毅の考選・任用（１２）や兵器の製造・修理（１１）にまで及んでいる。

出雲国計会帳にみえる節度使符32条

番号	内容		
1	却還	雑工生伊福部小嶋等合六人状	天平五年八月
2	追状	国造帯意宇郡大領正六位勲十二等出雲廣嶋	
3	為教習造弩追	工匠二人状	
4	給傳馬参□還却状	飯石郡少領外従八位上出雲臣弟山	九月
5	事訖却還任所状	介正六位上勲十二等巨勢朝臣首名	
6	追工状	上二人	
7	歩射馬槍試練定却還状	熊谷團兵士紀打原直忍熊	
		意宇團兵士蝮部臣稲主	
8	應造幕料布充調梪□状		
9	公文不申送状		十月
10	預採枯弩材状		
11	造兵器状	別当国司正八位下小野臣□奈麻呂	
12	擬軍毅幷軍毅等定考第及應徴差加兵士庸状		
13	應造綿甲料布應酬調狭絁幷應用綿状		
14	附前様却還□卿状	造弩生大石村主大国	十一月
15	應運筧幷礪状		
16	應免今點兵士庸事等参條状		十二月
17	備辺式弐巻状		
18	給傳馬□道状	馬射博士少初位下城部惣智	
19	應申送雑造物状		天平六年正月
20	依例應給禄料絹状	判官已下傔人已上	
21	節度使春夏禄梪絹状		
22	甲一領袋式料表布絁綿状		
23	依　勅符使司向京状		二月
24	要地六所儲置弩幷應置幕料布状		
25	出雲国与隠伎国應烽状		
26	應定兵士番状		
27	置烽期日辰放烽試互告知隠伎相共試状		三月
28	出雲隠伎二国應置烽状		四月
29	為造公文使録事所遣状	正七位上少外記勲十二等壬生使主宇太麻呂	
30	送山陰道四国鉦幷封函状		
31	鉦五面状		
32	應進上雑公文状		

また、軍団兵士の試練（7）や馬射博士の派遣等の軍兵を直接領する権限も与えられていた。さらに、軍備強化として綿甲の製作（13）や鉦の指揮具（30・31）や甲の袋の制作（22）等の改良にまで及んでいて、北氏の指摘のように、通常の国司の下での軍団兵士の枠を超えて節度使の下に軍が実戦的に運用されるようになっていたと考えられる。このように天平四年の遣唐使と節度使の同日による任命の背景には、遣新羅使のもたらした情報にもとづき、唐・新羅・渤海の動きを含めた国際関係の緊張に備え、対外防衛を軸に国内軍備の実戦的運用が進められたのである。

以上、住吉大社神代記の奥書である天平三年七月五日前後を中心とした当時の国際情勢を俯瞰してみた。それによると、前半は神亀四年（七二〇）にはじまる渤海使の来朝、入朝、武芸王と聖武天皇の書簡を交わした修好の開始、それに合わせた遣渤海使の派遣、帰国というように渤海に関する朝貢記事が中心であった。この背景には武芸王による唐山東省攻撃等、唐と渤海の関係悪化があった。

一方、後半は、それまで五年間途絶していた新羅の入貢を促す遣新羅使の派遣と新羅使の来朝、入京、拝朝、そして来朝年期の延期の奏請と三年一度制の詔、そして遣新羅使の帰国というように一転して新羅に関する記事が中心となっている。こうした背景には、唐の要請による新羅の渤海南辺への侵略準備等、唐と新羅の親密な関係の構築があり、日本に対して次第に強硬姿勢で臨むように変化していく様が窺える。このの ち、新羅は天平六年には国号を王城国と改め、天平七年には大同江以南の領有を唐に公認されている。また、天平十年から宝亀五年までの七回の新羅使はほとんどが違約とか無礼とかの理由で日本から放逐されている。さらに天平勝宝五年には、唐での朝賀の席次をめぐって両国が争う事件もあった。こうした緊張状態の中で、天平宝字五年には二度目の節度使が設置され、新羅征討計画が断行されようとするまでになっていた。

まさに、神代記編纂の前後の国際情勢は、渤海と唐との緊張関係・潜在する渤海と新羅の緊張関係、新羅の親唐政策というように、唐＝新羅、渤海＝日本の提携関係に基づきながら展開していく時代であったと考えられる。この時代状況について、古瀬奈津子氏は、「渤海と友好関係を開始した日本にとっては、古く白村江戦時における唐・新羅対百済・日本に類似した、唐・新羅対渤海、日本という対立構造を想起させるものではなかったろうか。」とし、「当時の日本にとって唐は圧倒的に強大な存在であり、白村江戦時のように進んで対戦する意志はなかったろう。」と天平期の遣唐使の時代背景をみておられる（「随唐と日本外交」日本の対外関係２『律令国家と東アジア』所収　吉川弘文館　平成二三年）。

こうした日本への新羅朝貢の起源については、続日本紀の天平勝宝四年六月壬辰条には、

「詔曰、新羅国来奉二朝廷一者、始レ自二気長足媛皇太后平二定彼国一、以至二于今一、為二我蕃屏一、而前王承慶・大夫思恭等、言行怠慢、闕二失恒礼一、由欲二遣レ使問レ罪之間、今彼王軒英、改二悔前過一、冀二親来レ庭、而為レ顧二国政一、因遣二王子泰廉等一、代而入朝、兼貢二御調一、朕所以嘉歓勤款、進レ位賜レ物也。」

とあり、奈良時代の朝廷では、新羅朝貢を神功皇后の征討と結び付ける思想が確認される。こうした思想は、当時の律令官人の間では日本書紀の講読等を通じて広く浸透していたと考えられる。住吉大社神代記には、「凡大神宮、所在九箇處」として、摂津、播磨、長門、筑前、紀伊等、国内の住吉社とともに、

「大唐国一處　住吉大神社」

「新羅国一處　住吉荒魂」

と窺えるのもそうした当時の対外認識に基づく信仰の一端を表しているのかもしれない。ともかく、渤海と新羅の両方を朝貢国と位置付ける日本としては、唐との関係性を一定に保つためにも天平期の遣唐使派遣が急がれたのである。その遣唐使と節度使を同時に任命したのは、まさに外交問題と国内の軍備不足の問題を一挙に解決しようと

した政府の思惑が想定される。

よって、天平四年の遣唐使任命の前年において、すでに住吉大社神代記の奥書に「遣唐使神主」という用語がみられるのは、こうした唐・新羅・渤海の動きを含めた国際情勢の緊張を鑑みながら、神功皇后以来の国防危機の際に顕現される外交の祖神としての住吉信仰に基づいて、津守宿禰客人はその伝承の担い手としての強い意識の中で書き綴ったものだったと考えられる。そして、編纂の翌年には遣唐大使の任命とともに、遣唐使神主津守宿禰客人は、遣唐使主神へと正式な役職を負うことになるのである。いずれにしても、天平三年の神代記奥書の翌四年に大使が任命されていることからも、津守宿禰客人は、前回の養老期ではなく、天平の遣唐使に任命された主神と考えるべきであろう。まさに神代記の奥書の天平三年は、天平四年から五年にかけての遣唐使の発遣の直前にあたり、その遣唐使船に同乗する津守氏にとっては、命を懸けた渡航の前に、津守氏の氏文の性格をもつ住吉大社神代記を編纂したものと考えられる。

四、天平三年における気比大神への神戸増封の史的背景

ここでは、天平三年の住吉大社神代記の編纂と呼応する同時代の史料として、大同元年牒にみえる気比大神の神戸をここに掲げる。

気比神　二百四十四戸　越前国　天平三年十二月十日符従三位料二百戸 神護元年九月七日符二十二戸 十戸 二十二戸

気比大神の神戸二百四十四戸は、大同元年牒にみえるおよそ百七十の神々の神戸のうち、伊勢大神一一三〇戸、大和神三二七戸、住吉神二三九戸に次ぐ多さを有している。一般的に、大同元年牒にみえる神戸は畿内と畿外に分

類することが出来、伊勢神宮を例外として、畿内の神戸を有する祭神の多くは、自国の他に複数の神戸を畿外に持つことが特徴である。例えば、住吉大社神代記を所蔵する住吉神の場合、合計二百三十九戸の神戸を有しており、神戸数としては住吉神と気比神はほぼ同等であるが、住吉神は自国（畿内）の摂津国には五十戸の神戸を有するのみで、あとは畿外の播磨国八十二戸、長門国六十六戸、安芸国二十戸、丹波国一戸を合計した数字なのである。よって、越前国の一国のみで二百戸を超す気比神は神戸を有する神社の中でも際立った祭神と言える。

次に、その神戸の時代的変遷については、大同元年牒の注によると天平三年十二月十日符によって従三位の封戸料として二百戸が充奉され、天平神護元年には二十二戸加増されたことがわかる。それに続いて、十戸・二十二戸とあるのは、それ以降か、それとも、それ以前からの神戸なのかは具体的には不明である。

但し、天平三年以前にも、『持統天皇紀』六年（六九二）九月戊午条によると、

「詔曰、獲㆓白蛾於角鹿郡浦上之濱㆒、故増㆓封笥飯神㆒二十戸、通㆑前」

とあり、角鹿の浦上の浜で白蛾を獲たとの祥瑞により、笥飯神に二十戸が増封されている。増封とあるので、それ以前からすでに本源的な神戸を有していたことが類推できる。こうした気比神への神戸の変遷の中において、天平三年における二百戸の神戸は、一度の神戸数からいっても異例の多さであり、且つまた国内最初の従三位という神階授与からも、そこには特別な時代背景が考えられる。その原因を探る手立てとして、正史には見られないものの、大同元年牒にみえる「天平三年十二月十日符」が出された年代に注目したい。まさに、それは住吉大社神代記の編纂時期と一致しているのであり、住吉信仰との関わりが焦点となってくる。

そこで、先ず、気比大神とは、延喜神名式の越前国敦賀郡の筆頭に掲げられている「気比神社七座」であり、その顕現については、日本書紀には二か所みられる。

一つは、『神功皇后摂政前紀』十三年二月甲子条には、「命二武内宿禰一、従二太子一令レ拝角鹿笥飯大神一」とあり、もう一つは、応神天皇即位前紀の

「誉田天皇、足仲彦天皇第四子也、母曰二気長足姫尊一、天皇、以下皇后討二新羅一之年、歳次庚辰冬十二月上、生二於筑紫之蚊田一、幼而聡達、玄監深遠、動容進止、聖表有レ異焉、皇太后摂政之三年、立為二皇太子一、（時年三）初天皇在孕而、天神地祇授二三韓一、既産之、宍生二腕上一、其形如レ鞆、是肖下皇太后為二雄装一之負上レ鞆、（肖、此云阿叡）故称二其名一、謂二誉田天皇一」

とあり、本文に続く注として、

「上古時俗、號レ鞆謂二褒武多一焉、一云、初天皇為二太子一、行二于越国一、拝二祭角鹿笥飯大神一、時大神與二太子一名相易、故號二大神一曰二去来紗別神一、太子名二誉田別尊一、然則可レ謂二大神本名誉田別神、太子元名去来紗別尊一、然無レ所レ見也、未レ詳」

とみえている。これによると、応神天皇は皇太子の時に越国に行き、角鹿の笥飯大神を拝礼した時に、大神と太子の間で名を相易した。故に笥飯大神は去来紗別神と名乗り、太子は誉田別尊と名乗ったという。よって、大神の本名は誉田別神、太子の元名は去来紗別尊ということになるが、所見がなく不明であると一云は述べている。紀本文では、生まれた時に、既に腕の上に宍が生い出で、その形は鞆のようであり、神功皇后が雄々しく武装して鞆を負っているのに似ているところから誉田天皇というと記している。しかし、それでは本文と一云の関係が繋がらないので、一云の前に「上古の時の俗、鞆を號して褒武多（ホムタ）という。」という一文を挿入することで、鞆（トモ）＝ホムタとし、鞆を負うように腕上が雄々しい姿をしているから、トモの天皇はホムタの天皇のことだと解している。

次に、『古事記』仲哀天皇段には、

「故、建内宿祢命、率二其太子一、為レ将レ禊而、経二歴淡海及若狭国一之時、於二高志前之角鹿一、造二假宮一而坐、尓、坐二其地一伊奢沙和氣大神之命、見レ於二夜夢一云、以二吾名一欲レ易二御子之御名一、尓、言禱白之、恐、随レ命易奉、亦其神詔、明日之旦、應レ幸レ濱、獻二易レ名之幣一、故、其旦幸二行于レ濱之時、毀レ鼻入鹿魚、既依二一浦一、於レ是、御子令レ白レ于レ神云三於レ我給二御食之魚一、故、亦偁二其御名一、號二御食津大神一、故、於レ今謂二気比大神一也」

とみえる。これによると、建内宿祢は太子を率いて禊をするために淡海と若狭国を経て、高志前の角鹿に至り、そこに假宮を造った。すると伊奢沙和氣大神之命が太子の夢に現れて、「吾の名を御子の御名に易えんと欲す。」と告げ、太子も言禱して「大神の言う通りに、易え奉らむ」と承知したので、大神は「明日の旦、浜に幸くと、易名の幣を献らん」とおっしゃった。その旦、太子が浜に行幸すると鼻を毀した入鹿魚が悉く一浦に依りついていたので、太子は大神に「我に御食の魚を給わってくれた」と述べられた。故に、その御名を称えて御食津大神といい、今は気比大神という。ここでは、日本書紀と同様、易名のことは窺えるけれど、易名の具体的な内容については記されず、大神が太子に御食の魚を給わったことが中心で、そこから伊奢沙和氣大神之命を御食津大神と称するという御饌的な祭神の性格が語られている。従来、傍線部分の解釈をめぐって、大きく三つの所説に分かれている。

(一)吾が名と太子の名を交換したい。(大神⟷太子)…日本思想大系『古事記』岩波書店　昭和五七年等

(二)吾が名を太子に差し上げたい。(大神⟶太子)……日本古典文学大系『古事記　祝詞』岩波書店　昭和三三年　倉野憲司氏解説

(三)吾が名に太子の名を賜りたい。(大神⟵太子)……古事記伝

どちらが妥当か判断しかねる所であるが、記紀の気比大神と応神天皇との易名伝承を比較すると、どちらかと言

えば紀は応神天皇の御名の由来を重視しているのに対して、記では気比大神の御食的性格に重きを置いていて対照的である。

但し、易名の場所は、紀では越国の角鹿、記では高志前之角鹿で共通しており、また気比大神の御名（易名後の御名の意）についても紀では去来紗別神、記では伊奢沙和氣大神之命とあってともにイザサ別（和気）（大）神である点で一致している。イザサの名称については、新羅の王子アメノヒボコの招来した神宝中の膽狭浅刀との関連性が指摘されている（三品彰英論文集第四巻『増補日鮮神話伝説の研究』平凡社　昭和四七年）。

よって、所伝の大筋としては、神功皇后が新羅の遠征を終え、忍熊王の反乱を鎮圧したのち、建内宿禰は太子を連れて禊をするために―この禊の意義については、成年儀礼か服属儀礼かで異論がみられる―近江・若狭を経て越前の角鹿に赴き、その地の気比大神と易名をされたのであろう。塚口義信氏は、「右の説話が『記紀』双方に見られるということは、（中略）『記紀』の最も有力な史料であったと推測される「帝紀・旧辞」には、すでに存したと考えて誤りあるまい。」と指摘される。首肯すべき見解である。塚口氏は神功皇后伝説を大きく民間伝承的な「オホタラシヒメ」の神話的要素と「オキナガヒメ」の息長氏の祖先伝承の二つが相関関係にあることを指摘し、その時期を舒明・皇極天皇朝ごろに推測されている（「『日本書紀』応神天皇即位前条の「一云」について」『古代文化』第二十三巻第十一号　昭和四六年　のち同著『神功皇后伝説の研究―日本古代氏族伝承研究序説―』第三章所収　創元社　昭和五五年）。

そこで、改めて息長帯比賣命に関する系図（古事記に基づいて作成）をここに掲げて確認しておきたい。

これによると、息長帯比賣命（神功皇后）の母方は天之日矛にまで遡り、父方は開化天皇に遡る。息長氏は近江の坂田郡に本拠を置く氏族であり、角鹿の気比大神への向かう経路に近江を通過している点、さらに、『垂仁天皇紀』三月条の一云には、天之日矛が辿った経路として、

神功皇后父母方系図【古事記】

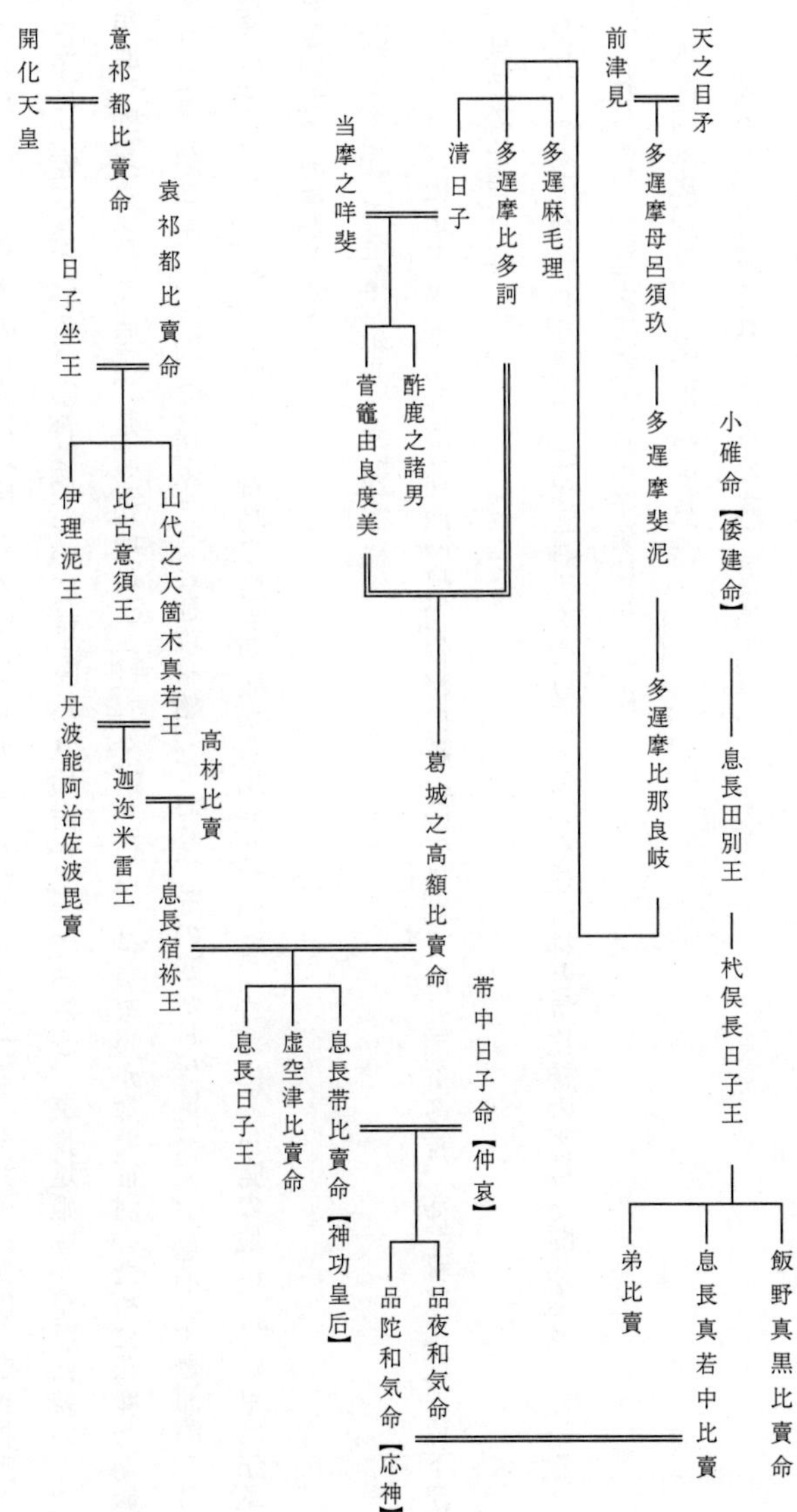

「天日槍、自二莵道河一泝、北入二近江国吾名邑一而暫住、復更自二近江一経二若狭国一、西到二但馬国一則定二住處一也」とみえる近江国の吾名邑とは、近江国坂田郡阿那郷に比定されることが妥当とすれば、応神天皇（譽田天皇）の気比大神への参拝には、息長氏の祖先伝承に基づくところが大きかったと考えられる。今井啓一氏は、気比神宮の祭神を天之日矛に比定されている。祭神論についてはもう少し検討が必要であるが、気長足姫尊が皇后に就いた翌月の「幸二角鹿一、即興二行宮一而居之、是謂二笥飯宮一」（仲哀天皇紀二年二月戊子条）には、仲哀天皇が熊襲征討のために角鹿の笥飯宮から、徳勒津宮（紀伊国）、穴門（豊浦津）へと進攻を始めており、その四か月後には、「天皇泊二于豊浦津一、且皇后従二角鹿一発而行之」（六月庚寅条）とあり、神功皇后も角鹿から出発していて、まさに、角鹿の地は、神功皇后伝承の出発と終着の地であったと言える。

また、『続日本紀』の宝亀元年八月辛卯条には、

「遣二神祇員外少史正七位上中臣葛野連飯麻呂一、奉幣於越前国気比神・能登国気多神一、使三雅楽頭従五位下伊刀王受二神教於住吉神二」

とみえ、気比・気多・住吉神が同じく奉幣と神教を受けているのも住吉神と気比神の密接な関係を表している。

さらに、『続日本紀』の宝亀七年九月甲子条には、

「始置二越前国気比神宮司一、准二従八位官一」

とあり、気比神宮司が設置され、『延喜雑式』には、

「凡越前国松原客館、令二気比神宮司検校一」

とみえ、角鹿にあった松原客館は渤海使の京への中継地として気比神宮司が管轄する外交施設であった。また、延喜主税式諸国運漕雑物功賃条によれば、越前国の海路を通る場合、比楽湊→敦賀津→塩津→大津→京の経路を介す

ることになっており、敦賀津が北陸道の入り口として重要な集散地であったことも分かる。

一方、軍備の面では、『続日本紀』の宝亀十一年七月戊子条には、

「勅曰、筑紫大宰僻ニ居西海一、諸蕃朝貢檝相望、由レ是簡ニ錬士馬一、精ニ鋭甲兵一、以示ニ威武一、以備ニ非常一、今北陸道、亦供ニ蕃客一、所レ有軍兵未ニ曾教習一、属レ事徴発全無レ堪レ用、安必思レ危、豈合レ如レ此、宜下准ニ大宰一依レ式警虞上（中略）」

とあり、大宰府の警固式―節度使の備辺式に相当―に准じて北陸道の対外防衛体制を整えるための式が設備されたことを表しており、北陸道の軍事拠点が角鹿の気比神宮を中心に展開されていったものと想定される。

このように、天平三年という年代に、奇しくも気比大神に二百戸の封戸と従三位の神階が奉られたことと津守氏によって住吉大社神代記が編纂、続いて遣唐使発遣への契機となったことは、決して偶然ではなく、当時の国際情勢の緊急事態と密接に関係しており、敦賀津と住吉津という外交上の軍事・防衛拠点に起こった神祇信仰として共通するものがあったと考えられる。

五、住吉大社神代記にみえる遣唐使の痕跡

神代記の中には、奥書以外にも、遣唐使に関わる用語や本記が散見されるので、順次確認していく。

先ずは、住吉信仰の所在を示す中に、摂津国、播磨国、長門国、紀伊国に続けて、大唐国と新羅国に住吉社が各一處記されている。唐と新羅にどういう形式で住吉神社が祭られていたのかは不明であるが、唐の場合、大陸内に神社を設ける現実性よりは、寄港地の船上で、住吉大神を祭っていたと考えるべきかもしれない。遣隋使及び遣唐

使、遣新羅使の派遣に基づいて随時、彼地の船舶上にて住吉神を奉斎した痕跡を示すのではないだろうか。

次に、神財流代長財の中には「唐鏡一尺四面」とあり、また、御神殿装束の中にも、「唐鋳鞍一具」や「唐鑣一懸」がみえる。これらは輸入品であり、おそらく、天平以前に渡航した遣唐使によってもたらされた神財と考えられる。但し、のちの遣唐使の招来品とすれば加筆された可能性も否定できない。

次に、遣唐使の発遣場所について、長柄船瀬本記には、

　四至（東限高瀬、大庭、南限大江、西限鞆淵、北限川□）

　右、船瀬泊、欲遣唐貢調使調物積船舶造泊天皇念行時、大神訓賜、我造長柄船瀬進矣、□造也」

とあり、遣唐貢調使の物を積んだ船舶を泊める船瀬を住吉大神の訓賜によって造作された伝承がみえている。一方、『延喜祝詞式』遣唐使時奉条には、

　皇御孫尊乃御命以氐、住吉尓辞竟奉留皇神等乃前尓申賜久、大唐尓使遣佐牟止為尓、依船居無氐、播磨国與理船乗止為氐、使者遣佐牟止所念間尓、皇神命以氐、船居波吾作牟止教悟給比支、教悟給比那我良船居作給部禮波、悦己備嘉志美、礼代乃幣帛乎、官位姓名尓令捧賫氐進奉久止申

とみえ、同内容の祝詞が掲載されているにも関わらず、従来から住吉大神が播磨国から新たな船居をどこに造作されたのかが不明とされてきた。しかし、田中卓氏の祝詞の調査と訓読文の訂正により、傍線部分の那我良船居＝長柄船瀬が明らかとなり、神代記と祝詞の密接な関係が明らかとなった（「祝詞「遣唐使時奉幣」について、古来の誤解を正し、難波津の位置と成立時期を確定する」『摂播歴史研究』二五周年特集　平成一九年　のち続・同著作集三巻　平成二四年）。田中氏は両者にみえる天皇を応神天皇に比定されており、これが是認されれば、遣唐使以前の倭の五王に遡る船瀬となるが、両書には遣唐貢調使や大唐という用語がみられる点からすれば、この船瀬の造作伝承も第一回の遣唐使の時期を遡らないものと考えるべきではないだろうか。また、この神代記の長柄船瀬本

記には、神功皇后の御名が語られていない点も大きな特徴の一つであり、住吉大神を奉ずる津守氏の祖先伝承に基づくものと考えられる。しかしながら、この祝詞は延喜祝詞式の中でも一段と古色を残しているものと指摘されており、対唐外交以前に造作された船居が律令制が整った遣唐使時代に象徴的に語られた可能性も否定できない。

また、住吉大社神代記の編纂と密接に関わると想定される天平五年の遣唐使に関係する歌が万葉集に多く散見している。

先ず、「天平五年贈入唐使歌一首」(四二四五)には、作者未詳であるが、

「そらみつ大和の国　あをによし　奈良の都ゆ　おしてる難波に下り、住吉の　御津に船乗り　直渡り　日の入る国に　任けらゆる　わが背の君を　かけまくの　ゆゆし恐き　住吉の　我が大御神　船舳に　うしはきいまし　船艫に　立たしいまして　さし寄らむ　磯の崎々　漕ぎ泊てむ　泊り泊りに　荒き風　波にあはせず　平らけく　率て帰りませ　もとの国家に」

とみえて、住吉の御津から乗船すること、また、住吉大神が遣唐使船の舳艫(前後)を守護していたことが読み取れる。この住吉の御津の具体的な場所については、議論が見られるが、津守氏による神代記の提出が、天平の遣唐使発遣の背景にあったことを鑑みれば、長柄船瀬が住吉御津を指していたことと解することが妥当であろう。

他にも、民部少輔多治比真人土作の歌には、

「住吉に斎く祝が神言と行くとも来とも船は早けむ」(四二四三)

とあり、住吉の斎く祝が、住吉大神の神言として、航海の神のご加護によって、往帰路は速やかであることを祈念している。

さらに、笠朝臣金村も、「天平五年癸酉の春閏三月、入唐使に贈る歌一首」として、

「玉だすき　かけぬ時なく　息の緒に　我が思ふ君は　うつせみの　世の人なれば　大君の　命恐み　夕されば　鶴が妻呼ぶ　難波潟　三津の崎より　大船に　ま楫しじ貫き　白波の　高き荒海を　島伝ひ　い別れ行かば　留まれる　我は幣ひき　斎ひつつ　君をば　遣らむ　はや帰りませ」(一四五三)

とあり、ここでも、今回の発遣が三津の崎と表現されている。また、今回の遣唐使が発遣する二か月前には、前々回の遣唐使の一員として渡唐した山上憶良が、今回の大使、多治比真人広成を自邸に招いて餞の宴を開いた時の「好去好来の歌」には、

「神代より　言ひ伝て来らく　そらみつ　大和の国は　皇神の　厳しき国　言霊の　幸はふ国と　語り継ぎ　言ひ継がひけり　今の世の　人もことごと　目の前に　見たり　知りたり　人さはに　満ちてはあれども　高光る　日の大朝廷　神ながら　愛での盛に　天の下　奏したまひし　家の子と　撰び給ひて　勅旨　戴き持ちて　唐の　遠き境に　遣はされ　罷りいませ　海原の　辺にも沖にも　神留まり　うしはきいます　諸の　大御神たち　船舳に　導き申し　天地の　大御神たち　大和の　大国御魂　ひさかたの　天のみ空ゆ　天翔り　見渡したまひ　事終り　帰らむ日には　また更に　大御神たち　船舳に　御手打ち掛けて　墨縄を　延へたる如く　あぢかをし　値嘉の岬より　大伴の　三津の浜辺に　直泊てに　御船は泊てむ　つつみなく　幸くいまして　はや帰りませ」(八九四)とあり、反歌には「大伴の　三津の松原　掻き掃くきて　我立ち待たむ　はや帰りませ」(八九五)とみえ、また「難波津に　御船泊てぬと　聞え来ば　紐解き放けて　立走りせむ」(八九六)

とあり、ここにも、御津という表現がみられる。

このように、天平五年の遣唐使船の発遣に際して、「おしてる難波に下り、住吉の　御津に船乗り　直渡り」とか、「難波潟　三津の崎より　大船に」とか、「大伴の　三津の浜辺に」というように、御(三)津という港についての

表現が多く引用されている。これは、この港津が単なる津ではなく、一つには、大和政権の直轄の津であること、さらにはここから出発する航海に対しては、住吉大神による守護を仰いでいるという認識が、萬葉人の思想の基底にあったという点に注目すべきである。従来、古代の難波の津に対して、住吉津から難波津へと移行していったという考えが主流であるが、萬葉人にとっては、遣唐使をはじめとする大和政権の外交の港津は、当初から住吉大神の守護に基づく御津すなわち、長柄船瀬であったと考えるべきであろう。

六、津守氏の外交的役割

ここでは、津守氏が大和政権の外交にどのように関わっていたのかを考える。先ず、神功皇后以後、遣唐使以前の日本書紀には、津守氏の記事が二か所みえる。

一つは、『欽明天皇紀』四年十一月丁亥朔甲午条に、

「遣二津守連一、詔二百済一曰、在二任那之下韓一、百済郡令・城主、宜レ附二日本府一」

とあり、朝廷は津守連を遣わし、百済に詔し、任那の下韓にいる百済の郡令・城主を日本に従属させよと述べている。

また、同紀五年二月条には、

「又津守連、従二日本一来、（百済本記云、津守連己麻奴跪、而語訛不レ正、未レ詳）、宣二詔勅一、而問二任那之政一、故将レ欲下共二日本府・任那執事一、議二定任那之政一、奉中奏天皇上、遣レ召三廻、尚不二来到一、由レ是、不レ得下共論二圖計任那之政一、奉中奏天皇上矣、今欲下請二留津守連一、別以二疾使一、具申二情状一、遣中奏天皇上」

とみえ、津守連が日本からやってきて、詔勅を告げて、任那復興の政策を訪ねた。そこで、日本府・任那の官人とともに、任那の政策を協議し定めて、天皇に奏上しようとして、三度召集したが、いっこうにやってこない。このため共に任那復興の政策を議論して、天皇に奏上することができないでいる。今、津守連に滞留するよう請い、別に急ぎの使者を派遣し、詳しい状況を天皇に奏上しようと思うとある。百済本記には、津守連己麻奴跪という名が表れていたことが分かり、任那復興の外交官としての津守氏の実態が窺える。

もう一つは、『皇極天皇紀』元年二月戊申条に、

「饗二高麗・百済客於難波郡一、詔二大臣一曰、以二津守連大海一可レ使二於高麗一、以二国勝吉士水鶏一可レ使二於百済一、以二草壁吉士眞跡一可レ使二於新羅一、以二坂本吉士長兄一可レ使二於任那一」

とあり、高麗、百済、新羅、任那の四か国にそれぞれ派遣する中に、吉士氏族三人に加えて津守氏の名前が遣使として掲げられている。これらの資料等からは、津守氏が主神としての祭祀氏族の側面よりも、外交手腕に長けた能力が特筆されている。

次に、『斉明天皇紀』五年秋七月丙子朔戊寅条には、

「遣二小錦下坂合部連石布・大山下津守連吉祥一、使二於唐国一、仍以二道奥蝦夷男女二人一、示二唐天子一」

とあり、同年の日本書紀所引の伊吉連博徳書にも、

「同天皇之世、小錦下坂合部連石布・大山下津守連吉祥等二船、奉二使呉唐之路一、以二己未年七月三日一、發レ自二難波三津之浦一」

とみえ、斉明天皇五年の七月戊寅（三）日に、遣唐使船二隻で、副使として、大山下津守連吉祥は難波三津之浦より進發した。おそらく、住吉大神を奉迎しながら、長柄船瀬の難波津より出発したのであろう。

津守氏関係図　記紀及び紀氏家牃に基づく

大御田足尼
折羽足尼
田裳見宿祢
田田根足尼命
紀伊国造菟道彦
鹿嶋姫
木国造祖 宇豆比古
山下影比売
建内宿祢
孝元天皇
内色許売命
内色許男命
伊迦賀色許売命
比古布都押之信命
葛木乃志志見乃与利木田乃忍海乃刀自
味師内宿祢 此者山代内臣之祖
葛城之高千那毘売
尾張連等之祖 意富那毘

この記事に関連して、住吉大社神代記の奥書には、「己未年七月朔丙子、注進、大山下右大弁津守連吉祥」とある。この己未年について、養老三年説（武田祐吉・宮地直一氏）もあるが、田中博士の指摘通り、七月朔日が丙子なのは、まさに斉明天皇五年であり、遣唐使の発遣（七月三日）直前の同年七月一日に津守連吉祥が住吉大社に関わる縁起を注進したと解される。田中博士は、この意義を「遣唐使として出発を控へて多忙の日に、かの新羅征伐を以て著名な神功皇后を終始加護し奉った住吉大神を回想し、神威の程を勘録して、出発三日前に擱筆したといふ吉祥の胸臆には、定めし外国に使する臣としての凛然たる不屈の決意と勇気が溢ぎってゐたことと思はれる。」と述べておられる（前掲）。

津守吉祥が副使として乗船した遣唐使と吉祥自身がそれに合わせて注進した縁起書を見事に関連付けた優れた見解であるが、更に、この津守連吉祥と同様な気持ちを、天平期の主神となるべく津守宿禰客人も同じく思い抱きながら、天平五年の遣唐使の直前に住吉大社神代記を記したものと考えられる。

つまり、住吉大社神代記は、代々、遣唐使や遣渤海使に主神として乗船する津守氏の氏文的性格が見て取れるのである。この津守連吉祥は、津守氏古系図には出てこないが、現存の住吉大社神代記は、津守宿禰客人の家料本であり、おそらく、客人の祖先に当たる一門出身であったと考えられる。

さらに注目すべきは、津守連吉祥が、斉明天皇の遣唐使派遣において、主神としてではなく、遣唐副使として乗船していることである。伊吉連博徳書の中には、天子（高宗）が「日本国の天皇、平安にますや否や」と問うたのに対して、使人が「天地徳を合わせて、自づからに平安なること得たり」と申上した。さらに、天子が「国内は平かなりや否や」と問うたのに対して、「治天地に稱いて、萬民事無し」と答えている。こうした返答用語の背景には、天地の祭祀についての見識が垣間見られ、神祇祭祀に長じた津守連吉祥の主神的性格が伺える。ただ、これ以後の遣唐使の歴史でも、津守氏が副使として渡航している例は正史になく、吉祥が唯一であったと思われる。

おそらく、津守連吉祥の遣唐副使への抜擢の背景には、外交官としての能力に加えて、斉明天皇は、神功皇后時代における津守連の祖、田裳見宿禰を強く思い重ねていたのではないだろうか。田裳見宿禰については、別で示したように、神功皇后に代って初代の住吉神主の地位を確立した人物であるが、記紀と紀氏家牒に基づいて作成した系譜をみれば明らかなように、母方の系譜は紀伊国造と結び付いており、また、葛城氏とも姻戚関係で繋がっていたことがわかる。これは、六世紀代の大和朝廷の任那復興等の対外交渉を進める上で、葛城氏や紀氏等は大和朝廷の港津の掌握を図る中で、次第に住吉津を掌る津守氏と協力を深めていったことが背景に考えられる（拙論「津守代から見た古代の住吉信仰について」『神道史研究』六十四巻一号　平成二十八年）。よって、神功皇后が自ら半島に出向いて新羅征討・百済救援を完遂させた伝承を、斉明天皇は強く自覚しつつ、当時の外交政策を自らの手で強力に押し進めようとしていたと考えられる。つまり、斉明天皇は、田裳見宿禰の果たした役割を津守連吉祥に強く期待していたものと考えられる。

このように、住吉大社神代記の内容は、大きく住吉信仰を神功皇后のものとそれを引き継いだ津守氏による二つに分類することができる。神功皇后によるものとは主に住吉大神の顕現及び鎮座に関わる伝承であり、軍神的信仰が顕著であった。一方、津守氏によるものは、大和朝廷の外交の拠点である港津の整備―長柄船瀬の造作―とそこから発遣される遣唐使の船舶の安全を祈る主神としての伝承によるものであり、互いは密接に且つ重層的に記されている。但し、津守氏自身は、息長氏が伝承してきたとされる神功皇后の各地の伝承をすべて手元に置いていたかどうかについては少し疑問が残る。それは、この神代記の前半が日本書紀や一部の古事記の伝承に基づく記紀伝承を抄録したものを連接しているところからも窺える。一方、神代記の後半にみられる畿内各地の神功皇后（息長帯姫命）の伝承はおそらく、津守氏が畿内沿岸の海部や舟木部等の部民集団を掌握する中で舟木氏等がもっていた神功皇后伝承を繋ぎ合わせることで得た情報から神代記の後半部分の独自伝承は形成されていたものと考えられる。

よって、津守氏は、神功皇后が果たした住吉信仰を継承しながら、尚且つ大和朝廷の直轄的な港津である住吉津の整備とそこから発遣される遣唐使や遣渤海使に乗船する主神として航海安全を守護する職掌を担ってきたのである。その中で、第一次には斉明天皇の発動に基づく遣唐使の副使として乗船する直前に津守吉祥が書き綴った氏文を基本に、その後、大宝二年の縁起を加えつつ、天平期の日本を取り巻く国際情勢の緊張状態の中で、津守客人は自ら遣唐使神主という肩書を名乗ることで、神功皇后伝承と津守氏の職掌を合わせた氏文として住吉大社神代記を編纂したものと考えられる。

七、小　括

本章では、住吉大社に伝わる住吉大社神代記の編纂とその背景について考察した。現在のところ、住吉大社神代記は、平安時代の写本説が有力とされている。それでは、何故に、天平三年という奥書を記したのだろうか。改めて、原撰住吉大社神代記の成立の背景を当時の国際社会の中で捉えようと試みる。

先ず、神代記編纂の前後に分けて、前半は渤海に関する朝貢記事が中心であり、後半は、一転して、新羅に関する記事が中心となっている。こうした背景には、渤海と唐との緊張関係・潜在する渤海と新羅の緊張関係、新羅の親唐政策というように、唐＝新羅、渤海＝日本の提携関係に基づきながら展開していく時代であったことを指摘する。

その上で、天平四年の遣唐使任命の前年において、すでに住吉大社神代記の奥書に「遣唐使神主」という用語がみられるのは、こうした唐・新羅・渤海の動きを含めた国際情勢の緊張を鑑みながら、神功皇后以来の国防危機の際に顕現される外交の祖神としての住吉信仰に基づいて、津守宿禰客人はその伝承の担い手としての強い意識の中で書き綴ったものだったと考えられる。そして、編纂の翌年には遣唐大使の任命とともに、遣唐使神主津守宿禰客人は、遣唐使主神へと正式な役職を負うことになるのである。

そして、この天平三年という同時期に、奇しくも気比大神に二百戸の封戸と従三位の神階が奉られたことを指摘し、それと津守氏によって住吉大社神代記が編纂、続いて遣唐使発遣への契機となったことは、決して偶然ではなく、当時の国際情勢の緊急事態と密接に関係しており、敦賀津と住吉津という外交上の軍事・防衛拠点に起こった神祇信仰として共通するものがあったことを指摘する。その中で、津守氏が果たした外交的役割を通じて、住吉大社神代記を津守氏の氏文としての編纂として位置付ける。

付記

本論は令和元年十二月に皇學館大学に提出した学位請求論文の一部を加筆・修正したものである。

T先生への手紙

――角川ソフィア文庫『風土記』のことども――

荊木美行

拝啓　ご健勝のことと存じます。

貴翰、拝見しました。谷口雅博氏は、各方面に件の『上代文学研究論叢』第四号（國學院大學上代文学研究室、令和二年三月）をお送りになったようで、同氏の一文については、小生のところへもあちこちから問い合わせがありました。ただ、小生は、別に勝ち負けを競ったわけではありませんので、先生がお書きになっていた「谷口さんも白旗を揚げたようですね」という表現は適切ではないように思います。結果的に、小生が同氏を虐めたような形になりましたが、もとよりそんなつもりはありませんでした。ああいう告発は小生の好むところではありませんでしたが、ご本人が、素直に非を認め、是正に動かれたのは、せめてもの慰めです。

小生が、中村啓信監修・訳注『風土記』上・下（角川書店、平成二十七年六月、以下「本書」と略称）を厳しく糾弾するに至った経緯をお知りになりたいとの由。不愉快な思い出のつきまとう〝事件〟ゆえ、あまり気が進みませんが、ほかにならぬ先生のご要望ですから、記憶している範囲でお答えします。

同書の初版が刊行されたのは、平成二十七年の六月下旬でした。たしか、市ケ谷の法政大学のリバティタワーで開催された延喜式研究会の当日、市ケ谷駅前の書店で購入したのを憶えています。日記で確認したら、七月五日のことでした。

角川書店が風土記の注釈書を企劃していることは、学会などで耳にしていたので、刊行前から愉しみにしていました。そんな期待の新刊でしたから、帰宅まで我慢できず、研究会から帰途、新幹線のなかで繙いて、それこそ舐めるように読みました。しかし、正直云って期待外れでした。なぜなら、以下にあげるような問題があると思ったからです。

第一に、注釈そのものが貧相です。もっとも、これは、文庫という制約や校注担当者の力量にもよりますから、やむをえないところがあります。

第二に、『出雲国風土記』『播磨国風土記』の原文の飜刻がきわめて杜撰です。

第三に、『豊後国風土記』『肥前国風土記』の現代語訳は、植垣節也校注・訳『新編日本古典文学全集5　風土記』（小学館、平成九年十月）の現代語訳をほとんどそのまま転用したものです。しかも、どこにもそれを断っていません。

第四に、各巻に附された風土記地図も、秋本吉郎校注日本古典文学大系2『風土記』（岩波書店、昭和三十三年四月）の五風土記の折り込み附図と、植垣節也校注・訳『新編日本古典文学全集5　風土記』（前掲）所載の風土記逸文地図をほぼそのまま転用したものです。しかし、その旨を断っていません。安易な転載の結果、校注担当者の施した説明と地図の記載とがところどころ齟齬を来しています。

このうち、第三・四は、微妙な問題だけに公にはせず、いずれ機会があれば、注釈担当者に直接尋ねてみようと思い、ひとまず、第一・二の点について、「風土記の注釈について―中村啓信監修・訳注『風土記』上下の刊行に寄せて―」（『皇學館論叢』第四十八巻第四号〈皇學館大学人文学会、平成二十七年八月十日〉、原題では「よせて」、のち拙著『東アジアの金石文と日本古代史』〈汲古書院、平成三十年一月二十八日発行〉所収）・「『出雲国風土記』の校訂本―角川ソフィア文庫『風土記』上の刊行に寄せて―」（『史聚』第五十号〈史聚会、平成二十九年四月五日発行〉、のち拙著『東アジアの金石文と日本古代史』〈前掲〉所収）という二篇を書いて、その問題点を指摘しておきました。これらは、先生にも抜刷をお送りいたしましたので、お読みいただいたかと存じます。

ちなみに、こんなことを書くと卑しく聞こえるかも知れませんが、もし、刊行時に校注担当者のどなたかが本書を贈呈してくださっていれば、一連の書評に書いたことも、礼状を兼ねた書翰でお伝えし、それで終わりだったと思います。二冊買っても三千円に満たない文庫をおねだりするのは、ケチ臭いと思われるかも知れません。しかし、参考文献をみると、下巻では、小生の研究もずいぶん利用しているようですし、校注担当者のなかにはかつて風土記に関する拙著を差し上げたことのあるかたもおられたので、本書の贈呈を期待してもバチは当たらないと思っていました。

ところが、その後愕然とするようなことが起きました。辛辣な書評を公表されたことが気に入らなかったのでしょうか、校注担当者のなかに、その後小生を徹底して無視するという、大人気ない態度に出るひとがあらわれました。呆れましたが、本人は、痛いところを衝かれて、悔しかったのでしょう。

たしかに、拙文は、批判と云ってもよい内容でした。今読み返しても、ちょっと辛口です。しかし、歴史学の〝業界〟では、これくらいの遣り取りは日常茶飯事ですし、感情的な口撃も珍しくありません。ただ、これもひとえに、本書が久々の風土記注釈書であることに大きな期待を寄せてからにほかなりません。鋭い筆法は、期待の裏返しです。

別にも書きましたが（『古典と歴史』四の「編集後記」、平成三十一年一月）、「批判」は、言い換えれば「教示」です。

誤りを訂正するのに役立てば幸いですし、納得いかなければ、反論をお書きになれば済むことです。ずいぶん昔のことですが、秋本吉郎先生校注の日本古典文学大系2『風土記』（岩波書店、昭和三十三年四月）が出た際に、風土記研究会（今の風土記研究会ではありません）のメンバーが、『日本上古史研究』第二巻八号（日本上古史研究会編、昭和三十三年八月）で合評をこころみたことがあります。『出雲国風土記』を担当された故田中卓先生からうかがったのですが、秋本先生はこれをみてひどく気分を害されたそうです。たしかに、この合評は、田中先生をはじめ、飯田瑞穂・平田俊春・小島憲之ら錚錚たる風土記研究者七人が秋本包囲網を敷いたかのような、容赦ない論評でした。しかし、秋本先生は立派でした。その後の重版では、合評で指摘されたことを参酌して、本文にずいぶん訂正を施しておられます。これは、批判を素直に受け止めた潔い態度です。否、これが当たり前で、「教示」を逆恨みし、無視という態度で劣勢を跳ね返そうというのは、およそ研究者のとるべき姿ではないと思います。自分で云うのもおかしいですが、小生のように本書を隅々まで叮嚀に読んだ読者は、日本中探してもあまりいないと思います。ですから、むしろ感謝してほしいくらいです（笑）。

冗談はさておき、こうした校注者の態度をみて、「本書の問題点は、やはり活字にしておく必要がある」と思い、あまり気の乗らないまま第三の現代語訳の問題を取り上げた、以下の二篇を執筆しました。

・「風土記の現代語訳について―谷口雅博氏訳『豊後国風土記』をめぐって―」（『皇學館論叢』第五十一巻―第六号〈皇學館大学人文学会、平成三十年十二月発行〉、のち拙著『風土記研究の現状と課題』〈燃焼社、令和元年三月〉所収）

・「風土記の現代語訳について―谷口雅博氏訳『肥前国風土記』をめぐって―」（『古典と歴史』二、「古典と歴史」の会、平成三十年十一月発行、のち拙著『風土記研究の現状と課題』〈前掲〉所収）

ついで、第四に掲げた地図に対する疑問を呈した、

・「『播磨国風土記』雑考―「入印南浪郡」「聖徳王御世」「事与上解同」を論じて、中村啓信監修・訳注『風土記』上「播磨国風土記地図」に及ぶ―」（『皇学館大学紀要』第五十七輯〈皇學館大学、平成三十一年三月発行〉）

・「風土記地図覚書―中村啓信監修・訳注『風土記』の附図に思う―」（『古典と歴史』六、「古典と歴史」の会、令和元年月八日発行、のち拙著『播磨国風土記』の史的研究』〈燃焼社、令和二年八月〉所収）

という二篇を書きました。

先行研究のプライオリティーは尊重されねばなりませんし、研究史は大切です。校注者が死亡したり、著作権が切れているからといって、過去の成果を無断で使っていいというものではないはずです。先学の研究を蔑ろにするような行為は、風土記研究の進展に結びつかないというのが、小生の持論です。

結果として、谷口氏に飛び火した形になってしまい、そのこと自体はお気の毒としか云いようがありません。しかし、同氏は立派です。本書の『豊後国風土記』『肥前国風土記』の現代語訳が、植垣訳を使ったものであることをお認めになったうえで、重版分からその旨を断る説明を附記されたというのですから。ご本人にとっては不名誉な告白だと思うのですが、それを公にされた態度は尊いと思います。

ただ、谷口氏の文章で一つ気になる点がありました。それは、植垣訳の使用を明記しなかったのは、意図的な隠蔽ではないとのべておられる点です。

同氏のような一流の研究者が剽窃などするはずのないことは、小生もじゅうぶん承知しています。ですから、その主張は嘘ではないと信じています。

しかし、昨今の研究者を取り巻く風潮は、こうした行為に対してかなり厳しいことも事実です。一昨年十一月にロバスト・ジャパン株式会社の主催する研究倫理研修会に出席する機会がありました。そこで講師の先生の話をうかがって驚いたのですが、共同執筆の体裁を採る本では、ある執筆箇所に研究不正がみつかった場合、すべての共著者が〝共犯〟になるというのです。まさに律令の連坐制ですが、それほど研究不正に対するコンプライアンスは苛求です。ですから、本書の場合も、隠蔽の意図があるかないかはこの際問題ではなく、活字になったものがすべてだと思うのです。

本書の風土記地図も、そうです。「これは、角川書店の編集部が用意したもので自分は関知していない」。――ある校注担当者の、こうした辯明を人づてに聞きました。小生が株式会社KADOKAWAの文芸局学芸ノンフィクション編集部の本書担当者麻田江里子氏からうかがった話とは喰い違うのですが、それについてはこれ以上詮索しません。しかし、今の研究倫理の通念からいえば、出版物に関する責任は、ゲラに目を通し確認している以上、そうした言い逃れが通用しないことは、もはや明白です。すべて著者が負わねばならないのです。厳格過ぎる気もしますが、マナーを守らない不逞の輩が過去に何人もいたから、徐々に締めつけが厳しくなっていったのでしょう。研究者の自業自得だとも云えます。研究の道のりは遠く、任は重いと云わざるをえません。

うかうかと長い手紙を綴ってしまいました。最後までお読みいただき、お礼申し上げます。コロナ禍もようやく終熄に向かいつつあります。国内の移動も規制が緩和されましたので、貴地への訪問も可能になりました。またお目にかかれる日を愉しみにしております。

敬具

令和二年六月

荊木美行拝

T先生
侍史

新刊紹介

木本好信編『古代史論聚』

龍谷大学教授の木本好信先生がこのたび『古代史論聚』と題する論文集を刊行された。同書は、「序」によれば、木本先生がご自身の古稀を記念するために編んだ論文集である。先生が、これまで『史聚』の編輯などを通じてお付き合いのあった先輩・知友人に寄稿をもとめたところ、驚くべし、六十四人もの方々が力作を寄せられた。これらを類聚したのがすなわち本書であり、総八百五十二頁に及ぶ大論文集である。

書名の「聚」の字には先生の格別の愛着が感じられる。『史聚』もそうだし、同誌が一〇号に達したとき、既刊に掲載した論文などを蒐めて出版されたのも『日本古代史論聚』だった。

限られた紙幅では、収録論文の題目と執筆者名を列挙するのが精一杯だが、これをご覧いただけば、木本先生の幅広い交遊関係がよくわかる。日本古代史だけでなく、上代文学の研究者のかたがたも多く名を連ねており、興味を惹く論題も多い。本書の刊行は、本年の古代史学界の大きな収穫であり、本誌の読者にも広くお勧めしたい。

万葉集巻十九「朝集使椽久米朝臣広縄」の職名について（朝比奈英夫）
衛禁律からみた日唐王宮の空間構成（市大樹）
「匣」と「褶」―古代喪葬の一断章―（荊木美行）
秘書の制と書籍の施行（榎本淳一）
時の簡について（遠藤慶太）
相撲節会における舞楽（大島幸雄）
円珍が唐に携行した文書（岡野浩二）
記紀・万葉のツバキ（尾崎富義）
創られる〈聖地〉―日向三代の陵墓をめぐって―（梶川信行）
石田女王と文室真人長谷（川崎晃）
朝影に我が身はなりぬ―「朝影」「夕影」「暁闇」「夕闇」―（北野達）
伝台渡里官衙遺跡群出土軒瓦について（木本挙周）
私の仲麻呂像―反逆者像の払拭と政治観―（木本好信）
都の東西市はなぜ京南におかれたか（國下多美樹）
『大安寺碑文』と『文心雕龍』―《伝の系譜》における「銘」「賛」「頌」―（蔵中しのぶ）
壬申の乱と皇位継承（河内春人）
慶滋保胤と入宋僧奝然の交友関係史料（古藤真平）
布袴について―『殿暦』を中心として―（近藤好和）

大化前代の中臣氏について―三嶋地域と大伴氏との関係から―（安達恵祐）
帝紀・旧辞論ノート（生田敦司）
喪葬令親王一品条にみえる遊部について（池田光佑）
「僧尼令」における博戯禁止と碁（池間俊祐）
一代一度仏舎利使における神分度者（小松正弥）
上宮王家滅亡事件と皇極天皇（鮫島彰）
天長十年四月宇佐使考―宇佐即位奉幣使の成立時期をめぐって―（長谷部寿彦）
粟田真人帰朝報告の実相（藤井孝章）
上野国における畿内系軒丸瓦の研究―山王廃寺I式と船橋廃寺式の比較―（山田雄浩）
（岩田書院、令和二年八月刊、A5判・八五二頁・上製本・貼函入、本体価格一二、五〇〇円）

（編集部記）

【編集後記】

▼前号からしばらく間隔があきましたが、『古典と歴史』8をお届けします。川畑勝久氏の長篇を掲載することができました。貴重な典籍でありながら、議論の多い『住吉大社神代記』の成立年代について一石を投じる意慾作です。▼川畑氏は、住吉大社に奉仕されるかたわら、最近、母校の皇學館大学から博士号を授与された篤学の士です。学生時代から彼を知る小生としては、その成長ぶりをうれしく思っています。▼川畑氏とはわずか一年間一緒に過ごしただけですし、おまけにこちらも若輩者でしたから、大したお世話もできませんでした。しかし、胸襟を開いていろいろと話せたのはよかったと思っています。長くお付き合いさせていただいても、なかなか肚を割った話をされない先生もいらっしゃいます。しかし、小生は、どちらかというと、自身の辛い経験や苦い失敗談を披露しつつ、本音で接してくださる先生が好きでした。だから、自身も、これまでの教師生活ではそのようにふるまってきました。▼昔、友人（故人）がこっそり教えくれた話ですが、ある高名なA先生（故人）は、ご自身が学位を取得するときと、学長になる際にはずいぶんお金を遣われたそうです。彼の話にはたしかな情報が多かったので、たぶん実話だと思います。昔の学長選では、札ビラが飛び交うことも珍しくなかったようですから、それ自体は驚きませんでした。国立大学の学長を父にもつ別な友人が、学長選での現ナマ攻勢の凄まじさを語ってくれたことがあります。▼小生は、別にそれらを非難しようとは思いません。想像ですが、学位を取得されようとしたのも、大学院の設置のために博士になっておく必要があったのでしょうし、学長になりたかったのも、大学改革などで実現したい抱負があったからでしょう。故田中角栄氏にしても、おやりになりたいことがあったのでしょう。金脈問題は身から出た錆ですが、金を遣ってでもおやりになりたいことがあったのでしょう。▼だから、A先生を軽蔑する気など毛頭ないのですが、残念なのは、生前こうした赤裸々な話をわれわれに語ってくださらなかったことです。もちろん、ちょっとアブない話ですから、そのままの形で伝えることはできないにしても、「学位取得でお世話になった先生にはよくお礼をするように」とか「人事で骨を折ってくださった先輩に対する感謝の念は忘れてはならない」といったようなアドバイスは可能だったのではないでしょうか。▼誰しも自分の恥部は晒したくないでしょうが、そうした体験談こそ、門人が教壇に立つときに真に役立つ教えではないかと思います。身内の話で恐縮ですが、その点、亡父――彼も大学教員でしたが――が、なんの気取りもなくそういう話のできるひとだったのは、小生にとって幸運でした。

（荊木美行）

古典と歴史　8

令和二年十月十日　発行

企画・編集　「古典と歴史」の会

発　行　者　藤波優

発　行　所　株式会社　燃焼社

〒五五八―〇〇四六

大阪市住吉区上住吉二丁目二番二九号

TEL　〇六（六六一六）七四七九

FAX　〇六（六六一六）七四八〇

e-メール　fujinami@nenshosha.co.jp

ISBN978-4-88978-144-1

ISBN978-4-88978-144-1
C3021 ¥800E

燃焼社

定価（本体 800円+税）

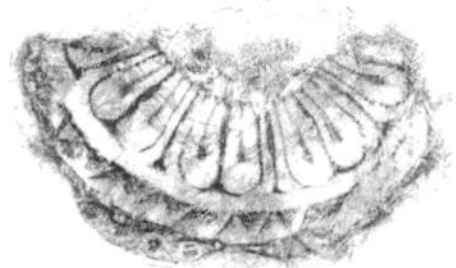

「古典と歴史」の会